序言：适合的教育让学生成为更好的自己

《为寻找适合的教育》一书终于出版了。这本书回顾了上海市鞍山实验中学走过的二十多年历程，全面总结了学校二十多年的办学经验，同时也是邵世开校长在这所学校工作二十多年、担任校长十三年有余的办学实践。上海市鞍山实验中学是一所“小而大”的学校。说她“小”，是因为学校的运动场所和教辅面积小，学校的教职工和学生不多，学校的办学历史也不长。说她“大”，是因为学校虽然空间规模小，但在有限的空间里把学校办成了一所具有大教育内涵的精品校。在社会上有良好声誉、在老百姓心目中有良好口碑，是一所学生喜欢、师生自信的家门口好学校。这样的学校，是义务教育优质均衡办学的典型，值得深入研究。

“适合的教育”是学校办学的核心理念。这一理念符合党和政府对教育改革提出的要求，《国家中长期教育改革和发展规划纲要（2010—2020年）》指出：要“尊重教育规律和学生身心发展规律，为每个学生提供适合的教育”。这一理念符合我国传统教育观，孔子很早提出的因材施教的教育思想，实际上就是一种适合的教育。这一理念符合现代的教育主张，叶圣陶先生形容教育就像农民“种庄稼”，他说“给受教育者提供充分的合适的条件，他们能自己发育、自己成长”。

“为寻找适合的教育”，“寻找”的过程实际上是学校和校长践行“适合的教育”办学理念的思与行。学校提出“适合的教育”是适合学生人性的教育，人性是自然天性、社会性和精神性的有机统一，学生个人的成长与国家民族的发展、个人的前途与国家民族命运的有机统一、融于一体。学校探寻了一条“适合的教育”的实践路径。首先，这是一条“儿童发展观”的回归之路。教育是培养人的社会活动，其本质属性是教育的社会性。义务教育的对象是儿童，需要教育将“儿童发展观”与“教育的社会性”有机统一。本书通过建设适合学生发展的课程，一方面构建支持国家育人目标的课程结构和运用“目标对标”进行课程诊断优化，另一方面开发满足学生个性发展的有选择课程，以此寻找“教育的儿童立场”与“教育的社会性”的结合点。其次，这是一条“教学遵循规律”的实践之路。新时代的义务教育，实现了中国传统教育“有教无类”的梦想，“因材施教”的探索却一直在路上。本书通过探索适合认知规律的教学，提出基于不同的学习目标，针对不同学习者的学习认知过程，提供不同的学习支持。教学遵循规律，就是为学习者学习认知行为的发生提供适切的学习支持。以学习认知行为分析为引擎，牵动教学从单一的“学科逻辑”“模式运用逻辑”转为“学习认知逻辑”的课堂教学改进。第三，这是一条“办学保障支持”的构建之路。“适合的教育”既指向教育的主体，即教育要适应学生成长发展的内部需求，又指向教育的外部环境，即教育要合乎学校办学的支持资源。

《为寻找适合的教育》一书主要由“适合的教育”的理念形成、内涵理解和校本实践三部分构成，主要内容有“建设适合学生发展的课程”“探寻适合‘五育融合’的德育路径”“实施适合认知规律的教学”“完善适合个性成长的评价机制”“推进适合专业发展的‘教师课堂’”“优化适合师生成长的学校文化”“培育适合家校共育的育人生态”。该书以上海市鞍山实验中学办学实践探索为例，既有对教育的理性思辨，又有办学的实施路径，还有具体的教育活动案例，已初成理论体系和实践框架。

每一位校长的成长之路是不一样的，每一所学校的办学路径也各不相同。邵世开校长坚持将“让每个孩子都能享有适合的教育”的初心梦想，融合于学校的办学实践，通过“优化两个课堂，成就两个发展”办学策略，将学生成长和教师发展贯通于学校的办学系统。十年磨一剑，“适合的教育”终成鞍山实验中学的办学理念和共同的价值追求。衷心希望上海市鞍山实验中学能继续探寻“适合的教育”实践之路，让学生成为更好的自己。

（教育部中学校长培训中心主任、教授）

目 录

第一章 “适合的教育”办学理念的缘起

经常听人说“希望送孩子到最好的学校上学”。因为要送孩子到最好的学校，各地的“学区房”火了；因为要送孩子到最好的学校，“天价辅导班”火了。那么，什么才是最好的学校呢？最好的学校仿佛就是升学排名靠前的学校，价格昂贵的课外辅导机构。其实，世界上没有两片完全相同的树叶，也没有两片完全不同的树叶。同样，世界上没有两个完全相同的人，也没有两个完全不同的人。所以对孩子而言，教育没有绝对的最好，只有相对的适合。

1. 时代的要求

百年大计，教育为本。新时代，虽然我国义务教育事业获得了长足发展，九年义务教育水平得到进一步巩固和提高，但如何在普及的基础上，使义务教育获得更加均衡、更加公平、更高质量的发展，更好地满足全社会和千家万户对优质教育的需求，使教育更好地服务于经济社会的发展和学生的成长，是国家、教育部门和全社会共同面对的重要课题。为每位学生提供“适合的教育”是着力解决人民日益增长的美好生活需要和学校发展不平衡不充分问题的有效行动，是新时代教育发展的出发点和落脚点。

新时代教育的主要矛盾是：“人民日益增长的优质教育需要和教育发展不平衡不充分之间的矛盾。”一方面，“人民日益增长的优质教育需要”是客观存在的，也是多元的。我们不能也无法限制人们对“优质教育”的追求。另一方面，“教育发展不平衡不充分”也是现实，是客观存在的。新时代“教育发展不平衡不充分”不再是解决孩子“有书可读，有学可上”的问题，而是如何让孩子“读好书，上好学”的问题。这要求我们必须回答“怎样的教育才是优质的教育”？如果只从绝对比较升学排名的角度评判“优质教育”，那么“优质均衡”的问题必然是无解的，永远都不可能满足每一个人的需要。所以“优质教育”应该从教育的内涵品质进行定义，其中最核心的标准体现为，适合每一个学生的发展——“适合的才是最好的”。

近年来，“适合的教育”已成为教育政策文件的重要内容，中共中央办公厅、国务院办公厅印发的《关于深化教育体制机制改革的意见》提出：“营造健康的教育生态，大力宣传普及“适合的教育”才是最好的教育、全面发展、人人皆可成才、终身学习等科学教育理念”。“适合的教育”是新时代国家战略对教育的要求。

有教无类、因材施教是中国传统的教育信念，现代义务教育强调优质均衡，其本质都是为每个学生提供“适合的教育”。义务教育是国家统一实施的所有适龄儿童、少年必须接受的教育，是国家必须予以保障的公益性事业。义务教育质量事关亿万少年儿童健康成长，事关国家发展，事关民族未来。新《义务教育法》规定：“义务教育要对学校在资源、政策上进行公平的分配，不得有政策、资金、资源的倾斜，这体现了教育公平的硬性要求。办适合每一个学生的教育是义务教育的立项追求，也是应当坚守的基本原则。

《义务教育学校管理标准》关于教育教学水平提升，提出建设适合学生发展的课程，实施以学生发展为本的教学，建立促进学生发展的评价体系的要求。因此，**“让每个孩子都能享有适合的教育”**既是教育工作者的追求，也是教育优质均衡发展的应有之义。

2. 学校发展的需要

“适合的教育”是鞍山实验中学办学理念的核心，也是学校自身发展的需要。2000年，为了应对人口导入的入学高峰，由原址为旧厂房改建成上海市鞍山实验中学。那一年，我进入学校担任教导主任，2003年担任副校长。创办初期由于学校设施一般，许多对口入学的学生因选择了附近学校而流失。但是，新学校老师人心齐、干劲足。从第一年开始，到2004年第一届学生毕业，学校一直非常重视学生行为习惯的养成，这为学校良好的校风打下了坚实的基础，学业质量达到了全区30多所公办初中的中等水平，后来连续几年都稳定在中上水平，这为学校的生存发展赢得了空间。2007年担任校长时，我就思考如何让学校保持人心齐？这需要有共同的办学愿景，凝聚人心、引领发展，于是我们发动广大教师开展办学愿景大讨论。讨论中，我们明晰了学校是培养人的场所，而学校内的“人”既有学生，也有教师，所以这是师生共同成长的地方。于是，我们确定了学校的发展愿景——师生共同“成长的沃土、成功的摇篮、精神的家园”；办学的策略——“构建两个课堂，成就两个发展”，“两个课堂”是学生成长的课堂和教师成长的课堂。随着“教师课堂”建设的推进，原本学校师资短板的发展挑战，成为了学校发展的优势。通过5年多“教师课堂”的实践探索，我校于2013年被评为“上海市教师专业发展学校暨见习教师规范化培训基地”。随着学校的办学内涵不断丰富，学生的学业质量持续提高，社会声誉也逐步提升，我们学校成为了上海市文明单位，2014 年，我校被上海教育杂志推荐为上海市十大家门口好学校。

但是，随着学校受关注度的增加，我校承担市区教育改革的任务也增多，如“创智云课堂”“单元教学设计与实践”“绿色指标导向的教学改进”“先学后教”“初小衔接”和“课程领导力”等，如何统领众多的教育改革项目是一个新问题。同时，学校生源由原先择校出去变为要购房择校进来，学生结构在悄悄变化，学生和家长对“优质教育”的理解与需求也在悄悄变化。如果没有科学的教育观引领，原先教师干劲足的办学优势，就有可能成为学校发展的危机。如何树立学校的教育观，明确办学理念，引领教师将教育干劲化为教育改进的行动智慧也是一个问题。特别是，我们托管郊区薄弱初中，作为集团化办学核心校区(4 所学校)，新优质集群发展领头校(6 所学校)，在没有物质资源优势的情况下，我们以什么来引领其他学校也是一个重要问题。

我深深地感觉到，仅仅从方法技术层面去思考是难以解决这些问题的，我们需要用核心价值来统领众多教育改革项目，引领教师产生教育智慧，并引导其他学校的发展。于是，在“构建适合的课程，成就师生的成长”的课程理念基础上，我们形成了“构建适合的教育，成就师生的成长”的办学理念。以“为了每个孩子都享有适合的教育”为办学追求，在原来办学愿景、办学策略的基础上，形成了“理念 · 愿景 · 策略”的办学系统(如图 1 - 1)。即以办学理念为指导，办学愿景为引领，以“优化两个课堂，成就两个发展”为办学策略，以育人目标为“两个课堂”的纽带。并通过章程明确学校的价值

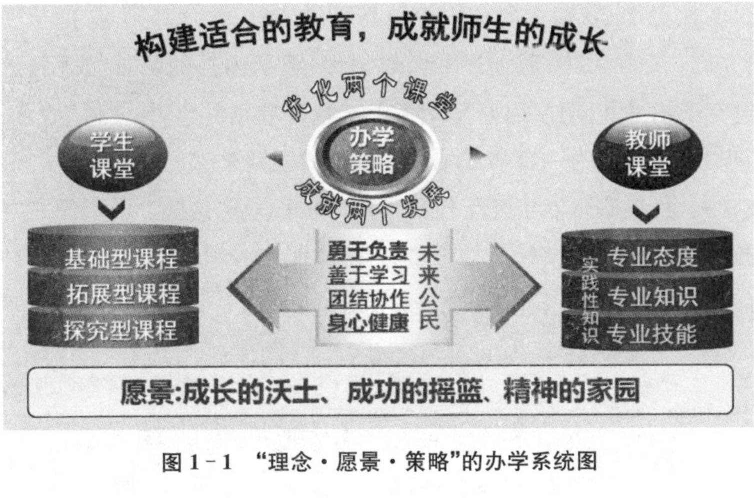

图 1 - 1 “理念 · 愿景 · 策略”的办学系统图

追求和办学系统，再以章程为纲领，借助学校发展规划，系统思考、整体设计办学系统的实践路径。在这些年的办学实践中，我们着力建设适合学生发展的课程，探索适合学习认知规律的教学改进，建立适合立德树人的育德机制，完善适合学生个性发展的评价机制，优化适合教师专业发展的支持系统，培育适合师生成长的校园文化，以此来探寻“为了每个学生都享有适合的教育”的实践路径。

3. 成长的内心追求

我出生于江西一个偏僻的山村，70 年代的农村物质和知识都极其贫乏，当时的学校是由破旧的祠堂改建而成的，整个小学没有一位接受过师范或更高教育的教师。初中我就读于乡中学，高中就读于县中，大学毕业在上海担任教师，并曾留学新加坡南洋理工大学攻读教育硕士。这些学习经历，让我深切地感受到教育在城乡之间、区域之间，乃至校际之间的差异。这种差异，不仅体现在教育供给端的差异，也体现在教育需求端的差异，只有供给与需求适切的教育，才能让教育真正有效发生。在求学的过程中，逐步萌芽一个梦想——让每个孩子都能享有“适合的教育”。

从 1993 年大学毕业后，成为一名教师以来，我就一直在义务教育的初中学段任教，期间担任数学学科教师、班主任、教研组长、教导主任、副校长和校长，参与九年义务教育数学教材的编写与修订。我始终从事的是与千千万万老师一样的在不聚集政府资源，不挑选生源的条件下，追求自己梦想的教育——寻找“适合的教育”。

自 2007 年担任校长以来，每当办学遇到瓶颈困惑之时，组织上适时地给了我学习培训的机会。我相继参加了新加坡南洋理工大学教育管理硕士学习、“上海市普教系统名校长名师培养工程”张人利基地培训、“上海市普教系统名校长名师培养工程”李希贵基地培训、教育部 22 期全国初中校长高级研修班、教育部第 10 期全国优秀中学校长高级研究班。在学习中，我通过“学、思、行”，将国内外的各种教育理论与教育实践融合，通过专家指导和同伴碰撞，坚定了追求教育梦想信念，并使得“适合的教育”的梦想一步一步完善，并成为一套初成体系的理论与实践框架。

作为教育人，我很幸运能十几年任职学校的校长。在这所办学资源相对薄弱的学校，与广大教师一起将原本模糊的教育梦想，逐步明确为学校的办学理念，并将办学理念转化为办学实践，进而取得办学成效。

第二章 “适合的教育”理解

第一节 “适合的教育”的内涵

“适合的教育”就是基于人的发展和未来社会发展对人才的需求，基于学生的现有基础和发展需求，遵循学生的成长规律和认知规律的教育。它既包含了教育的目的性，又包含了教育的规律性，还包含教育的条件性。也就是说，教育目标要与国家的需要和个人的发展相适合，与学生的现实基础和发展需求相适合。教育过程与人的成长规律和认知规律相适合，与学生的现实基础与发展路径（最近发展区）相适合，教育的期望与学校的办学条件和教师的专业水平相适合。

1. 适合学生的教育

“适合的教育”最根本的是适合学生，只有适合学生，才能彰显教育的本真，只有适合学生，才能培养国家、社会需要的人才，成为人民满意的教育。因此，“适合的教育”应该以学生为基础，以适合学生主体特征的方式，去适应国家要求、适应社会特性、适应未来生活的需要。

(1) 适合学生的人性

“适合的教育”是合乎人性的教育。《中庸》开篇所指出的“天命之谓性、率性之谓道、修道之谓教”，就是强调教育要合乎人性。

人性是人普遍具有的心理属性，包括自然天性、社会性和精神性。“适合的教育”，要善待人的天性，天性是人性的自然基础，“天性自然”不可违背；“适合的教育”要顺应人的社会性，学生作为社会人，适合学生也就意味着适合社会；“适合的教育”要唤醒人的精神性，人不同于动物就在于人是有意识的，“自由有意识的活动”是“人的类特性”。

因此，“适合的教育”应该按照天性的要求，发掘人的潜能，促进学生的自由发展；“适合的教育”必须坚守使人成为社会的人、时代的人，不能因为适合个人而排斥社会；“适合的教育”就是要唤醒人的意识，激励人的精神，使人超越被动，成为精神性的存在。

(2) 适合学生的群体性

“适合的教育”是符合学生群体特征的教育。学生作为群体的人，具有群体的特征，包括年龄的阶段特征、公民的基本要求、学生的发展水平等。这些特征既是“适合的教育”的出发点，也是努力的目标。

“适合的教育”是遵循青少年身心发展特点和规律的教育。人的身心发展是有阶段的，不同阶段面临着不同的发展任务，“适合的教育”，是以国家的公民教育为要求的教育，国家对公民的要求是一个国家公民具备的基本素养；“适合的教育”是满足学校相应学段群体学生发展水平的教育。因此，“适合的教育”要按照不同阶段学生身心发展的特点，遵循学生身心发展规律，实施相应的教育；“适合的教育”必须落实国家教育目标，遵照国家的教育方针，完成公民培养的任务，达到国家对公民的基本要求；“适合的教育”应该以国家课程标准为纲，为学生提供适合他们的教育。

(3) 适合学生的独特性

“适合的教育”是适合个体独特性的教育。教育既要适合不同群体的学生，又要适合不同个体的学生。

“适合的教育”是要适合完整的个体，而不是适合人的某一方面；“适合的教育”要符合“最近发展区”，既要从学生的当下出发，又不能迁就学生已有的发展水平；“适合的教育”应该凸显个性的差异，加德纳的多元智能理论是“适合的教育”的重要依据。因此，“适合的教育”是适合学生全面发展的现状，不仅要适合既定的状态，还要适合不断生成状态；“适合的教育”是落在“最近发展区”的教育；“适合的教育”必须充分考虑个性特征和需要的差异，以适合学生发展的方式，得到最适宜的发展。

2. “适合的教育”理论依据

“适合的教育”是中西教育思想的有机融合，以中国哲学“天人合一”的整体为思想基础，以西方哲学“主客二分”，分而析之，作为实施的策略与途径。中国哲学的基本特征是“天人合一”，强调事物双方的契合统一，侧重从整体的视角把握事物整体性质和运动规律，注重整体。这表现为：人与人、人与社会、人与自然的融洽和谐，关注整体，重视个人与集体的统一。西方哲学的基本特征是“二元并立”，关注主客二分，分而析之。这表现为：人对自然的探索征服，关注客体，重视分析、实证。

“适合的教育”是将国家社会的需要与个人发展相适合，以个人的发展与国家的需要同频共振为目的的教育；是以适合孩子的成长规律和认知规律，适合学生的现实基础与发展路径为策略的教育。“适合的教育”不仅强调人性的天性自然、社会性和精神性的统一，还强调人的天性、群体性和独特性的统一。其理论基础与实践要求如表2-1。

表2-1 “适合的教育”理论基础与实践要求

理论基础			实践要求
三个层面		理论依据	
1. “适合的教育”是合乎人性的教育。	人的天性自然、社会性和精神性的统一。	东方思想和教育哲学，人与人、人与社会、人与自然的和谐统一。	落实立德树人，培养德智体美劳全面发展的社会主义建设者和接班人。
2. “适合的教育”是符合学生群体特征的教育。	关注不同性别与年龄、兴趣与个性、社区文化与家庭期待的差异。	最近发展区理论、多元智能理论、儿童发展和认知理论等。	分学段课程、分班级授课，分类走班选课；国家课程校本实施等。
3. “适合的教育”是适合个体独特性的教育。	关注个性与独特性，满足每一个孩子的成长需要和家庭期待。	因材施教的教育思想和现代学习认知理论。	以学习者为中心，为每个孩子的成长提供需要的学习支持。

因材施教的教育思想：孔子提出了“有教无类”的理念和“因材施教”的思想。因材施教，就是从实际出发，根据不同学生的个体差异，采用不同的教育方法，有的放矢地进行教育教学，注意发挥学生的特长，使每个学生在原有基础上获得最佳发展。因此，为每一个学生提供“适合的教育”是我国儒家教育思想的精髓，也是对我国传统教育思想的继承和发展。

最近发展区理论：维果茨基提出了“最近发展区”理论，即学生的发展有两种水平，一种是学生的现有水平，指独立活动时所能达到的解决问题的水平；另一种是学生可能的发展水平，也就是通过教学所获得的潜力，两者之间的差异就是最近发展区。“适合的教育”应着眼于学生的最近发展区，为学生提供带有难度的内容，调动学生的积极性，发挥其潜能，超越其最近发展区而达到下一发展阶段的水平，然后在此基础上进行下一个发展区的发展。

多元智能理论：霍华德·加德纳强调人的智力的多元性和差异性，认为每个学生都有自己的优势智能和独特的智力组合。这要求教育要照顾学生的个体差异，重视每个学生智能结构的差别，帮助学生发现其优势潜能，为每个学生提供“适合的教育”。

3. “适合的教育”实践基础

“适合的教育”需要由学校予以实施，只有立足学校的办学基础，才能落实“适合的教育”。“适合的教育”的实践基础是党和国家的教育方针、社区的文化与文明，以及家庭的文化与期待。脱离了实践基础空谈理想的教育是难以实践发展的。

（1）全面落实国家对义务教育要求

教育既是当下民生的福祉，也是民族复兴的根本，根据中共中央、国务院印发《关于深化教育教学改革全面提高义务教育质量的意见》的要求，义务教育学校要不挑选生源，回归教育的本源；要以科学的教育质量观为指导，不断探索改革，构建德智体美劳全面培养的教育体系；健全立德树人落实机制，着力在坚定理想信念、厚植爱国主义情怀、加强品德修养、增长知识见识、培养奋斗精神、增强综合素质；坚持德育为先，教育引导学生爱党爱国爱人民爱社会主义；坚持全面发展，为学生终身发展奠基；坚持面向全体，教好每名学生；坚持知行合一，让学生成为生活和学习的主人。“适合的教育”必须全面落实国家对义务教育要求为基础。

（2）与社区文化有机融合

学校只有与所在的社区文化有机融合，才能真正实现“办人民满意的教育”“提升教育服务经济社会发展能力”。我们学校处于上海市杨浦区，这里是上海高校最集中的地区，也是中国近代工业的发祥地，这里拥有“百年工业、百年大学、百年市政”的人文积淀。区域内集聚了复旦、同济、财大等17所高校。同时，杨浦在较长的时期里，一直以工业为主导，曾生产出永久牌自行车、凤凰牌自行车、上海牌手表等名牌产品。随着上海城市功能的转型，21世纪初，杨浦的产业工人从60万跌落到了6万。杨浦已经从传统工业区向知识创新区转型，成为了国家科技部命名的“国家创新型试点城市（区）”、国务院确立的“大众创业万众创新示范基地”。从传统工业区向知识创新区转型，变的是产业结构，不变的是“实业精神”；杨浦既有大学云集，又有产业工人聚集，不同的是家庭教育背景与文化差异，相同的是都通过产业链的各环节创新引领实业发展。在这样的城区文化里，“适合的教育”就要弘扬实业兴国的担当精神，培养科技引领实业发展的传承与创新意识，提高知行合一的学习与实践能力，提升生产、学习与研究相互结合转化的合作能力，以满足社区百胜、城区经济对教育的需求。

（3）满足家长的教育期待

在自己的家门口，上“好学校”是每一个家庭的教育需要。我们学校所在的小区是早期的动迁房，同时周边有众多高校和部队。学生的家庭教育背景与发展基础差异比较大，百姓对学校教育的需求也比较多元。为了满足老百姓对教育的多元需要，我们着力办一所“家门口的好学校”，家长心目中的“好学校”一定是教学质量高，着眼于学生的终身发展，为每个学生提供充分发展的机会与展示个性特长的学校；是有良好校风，浓厚学风为基础的学校；是有科学的管理制度，有优秀的师资队伍为保障的学校；是学生思想品德和行为规范良好，让每个学生感受到学习和成长快乐的学校。

综上，“合适的教育”应该是党和国家放心、社会家长满意、学生喜欢、教师幸福，同行尊重的教育；是立足国家战略要求，面向全体学生，以服务中华民族伟大复兴与学生的生命成长为使命的教育。

第二节 “适合的教育”的原则

1. 统一性原则

(1) 学生是共性和个性的统一

世界上没有两片完全相同的树叶，更没有完全相同的两个人，每一个人都是这个世界上独一无二的存在。人是共性与个性的统一。因此，“适合的教育”既要适合所有的学生，又要适合不同的学生。适合所有的学生，表现为教育要尊崇人性，按照国家对公民的要求，实施符合国家要求的教育；适合不同类别的学生，表现为对不同年龄、不同年级的学生采取不同的教育要求、任务、方法；适合不同个体的学生，表现为对不同的个体，因材施教，因势利导，促进每一个孩子的个性发展。

(2) 人性是社会性和个性的统一

中国传统教育总体上偏向于发展人的社会性，对人的个性发展关注不够，西方教育偏重于发展人的个性，重视人的需求满足，促进了个人的积极性和创造性发挥，但也导致了许多社会问题和道德问题。

“适合的教育”强调人性是社会性和个性的统一。学生的发展既体现了社会的要求，也体现了个体自身发展的需要，二者不能偏废。不能把“适合学生的教育”仅仅理解为对人的适应，排斥社会的要求，走向抽象的人性，这是对人性的误解。

(3) 学生的发展是当下和未来、实然与应然、既定与生成的统一

适应不只是适应客观的实然状态，也不是要求教育对学生一味妥协，人的需要是不断发展的，教育是促进人发展的力量。所以，教育要基于当下，面向未来，基于实然，

面向应然，基于既定状态，面向人的不断生长。

2. 规律性原则

(1) 适合学生的经验与经历

教育一直非常关注将学生带到哪里去，却常常忽视学生现在在哪里，“适合的教育”必须适合学生的经验与经历。基于学生的发展现状，不仅适合既定的状态，还要适合不断生成状态；既要适合学生的已有经验与经历，又要适合学生发展需要的经验与经历；既要从学生的当下出发，又不能迁就学生已有的发展水平，要符合“最近发展区”。

(2) 适合学生的身心特征

“适合的教育”，必须适合学生的身心特征。学生的身心特征既有顺序性，又有阶段性，既有稳定性，又有可变性，还有不平衡性和差异性。“适合的教育”既需要循序渐进，又需要不断突破，体现量变与质变的统一；“适合的教育”既要教育内容、方法等保持相对稳定性，又要不断革新教学内容、方法，以适应社会和人的发展；“适合的教育”既要关注儿童不同阶段的关键期，又要关注不同学生的差异，进行针对性的教育。

(3) 适合学生的认知规律

教育实践基于教师对“学习的过程”和“促进学习结果的发生”的理解。什么是知识，知识的来源是什么？什么是学习，学习的本质是什么？什么是教学，教师与学生的角色是什么？不同的学习理论都有自己的解释，并形成了行为主义、认知主义、建构主义、社会认知等理论观点。“适合的教育”不是去判断这些理论的对与错、先进与落后，然后选择一个“最好”的理论取向，而是要理解不同学习理论的假设基础和适用的范畴，综合运用不同学习观点，为学生在不同领域(认知领域、动作领域和情感领域)的学习创建具有适恰的支持。

(4) 适合学生品德发展特性

品德是由道德认知、道德情感、道德意志和道德行为四个要素组成的有机整体，这四种成分相互联系、协调发展。道德发展有阶段性，在不同发展阶段学生品德四要素的发展是不平衡的。“适合的教育”要根据儿童品德发展的阶段特征，帮助儿童获得道德认知，陶冶道德情感，磨炼道德意志，示范道德行为，形成道德习惯。

3. 发展性原则

适合是相对的，在不同时期、不同社会环境，对于不同的教育对象，适合的要求是有差异的。“适合的教育”是适合学生发展需求的教育，因为随着学生自身的发展，适合的需求也在发展；“适合的教育”是适合时代需求的教育，因为随着时代的发展，适合的内涵也在发展;“适合的教育”是与学校办学资源相适宜的教育,因为随着学校办学基础的发展,适合的条件也在发展;“适合的教育”是与教师专业水平相适宜的教育,因为随着教师专业水平的发展,适合的要求也将发展。

总之,“适合的教育”就是基于人的发展和未来社会发展对人才的需求,基于学生的现有基础和发展需求,遵循学生的成长规律和认知规律的教育。“适合的教育”既包含了教育的目的性,又包含了教育的规律性,还包含教育的条件性。教育目标与国家需要相适合,与个人发展相适合,与学生现实的基础和发展需求相适合;教育过程要与人的成长规律和认知规律相适合,与学生的现实基础与发展路径(最近发展区)相适合;教育的期望与学校的办学条件和教师的专业水平相适合。

第三节 “适合的教育”的策略

《现代汉语大词典》中对“适合”的解释是“犹符合、犹适宜”。《现代汉语辞海》中对“适合”的解释是“符合(实际情况或客观要求)”。“适合的教育”中的“适”指向教育的主体,“合”指向教育的外部环境。“适”即教育要适应学生成长发展的内部需求,适合学生的认知、理解、运用、综合的能力水平,满足学生兴趣、爱好、特长培养和发展的需要,满足学生了解自我、塑造自我、完善自我的社会化过程的需要。“合”即合乎国情、校情、社区文化等教育环境,学校教育要合乎规律、合乎教育规律、合乎学生身心发展及认识规律。

1. 立德树人策略

“适合的教育”合乎党的教育方针,落实立德树人根本任务,遵循教育规律构建德智体美劳全面培养的学校育人体系。坚持德育为先,引导学生爱党爱国爱人民爱社会主义;坚持全面发展,为学生终身发展奠基;坚持面向全体,育好每名学生;坚持知行合一,让学生成为生活和学习的主人。

2. 学生主体策略

“适合的教育”突出以学生的发展为本,关注学生的差异、尊重学生的情感、释放学生的潜能,处在学生最近发展区,让学生享受适合自己的教育。重视教师引导,关注学生内在需求,强调“五育”融合促进全面发展。

3. 综合教学策略

“适合的教育”不是选择一种最好的教育理论,运用于教学实践,而是根据不同学习的需要，综合运用各种教学方式，为学生的学习提供适恰的学习支持。这需要教师灵活运用情境教学、启发式教学、自主学习、合作学习、接受学习、探究学习等多种教学方式。

4. 教育公平策略

“适合的教育”是尊重教育规律和学生身心发展规律的教育，让每个学生的潜在能力都能得到充分发展，获得教育的成功。对学校而言，适合学生的教育才是最好的教育、最公平的教育。联合国教科文组织在《学会生存》一书中写道：“机会平等是要肯定每一个人都能受到适当的教育，而且这种教育的进度和方法是适合个人特点的。”

为了每个学生都享有“适合的教育”，必须建设适合学生发展的课程；探索适合学习认知规律的教学改进；建立适合立德树人的育德机制；完善适合学生个性发展的评价机制。推进“适合的教育”，还需要优化适合教师专业发展的支持系统；优化适合师生成长的校园文化；培育适合家校共育的育人生态。

第三章　建设适合学生发展的课程

学校一肩挑着学生的现在，一肩挑着国家的未来。“适合的教育”既包含了教育的目的性，又包含了教育的规律性，即教育目标与国家需要和个人发展相适合，与学生现实的基础和发展需求相适合；教育过程与人的成长规律和认知规律相适合，与学生的现实基础和发展路径相适合。“适合的教育”必须建设适合学生发展的课程，将学生个人的成长与国家民族的发展、个人的前途与国家民族的命运有机地融于一体、同频共振。我们通过“构建支持国家育人目标的课程”和“开发满足学生个性发展的有选择课程”来使国家需要与个人发展相适合。

第一节　构建支持国家育人目标的课程

国家依据人的个体发展与社会发展的需要，根据青少年身心发展特征，确定了不同学段的育人目标，设置了相应的国家课程。但是，学校开设的众多课程往往是平铺直叙的门类叠加、“各自为政”，并没有形成课程的整体力量，也就难以支持目标体系。这要求学校从宏观角度，构建适合国家育人目标的学校课程，既要关注独立学科的育人价值，又关注学科之间的协同作用，形成课程的整体力量。

1. 核心素养的校本理解

我们比较研究了 OECD 组织、欧盟、联合国教科文、亚洲协会、美国、新加坡、澳大利亚和国内学者对核心素养研究的相关文献，提出了学校需要培育的素养要素包括：责任担当、语言交流、人文底蕴、科学精神、艺术素养、健康素养、职业能力、认知能力、自我指导、实践能力与创新精神等（如表 3－1）。

表 3-1　关于核心素养文献梳理

<table>
<tr><th>组织国家</th><th>核心素养</th><th>校本理解</th></tr>
<tr><td>EU 欧盟(2006)</td><td>母语交流素养；外语交流素养；
数学与科学技术素养；信息素养；
学习能力；社会与公民素养；
创业精神；文化意识与艺术素养。</td><td rowspan="6">责任担当
语言交流
人文底蕴
科学精神
艺术素养
健康素养
职业能力
认知能力
自我指导
实践能力
创新精神</td></tr>
<tr><td>UNESCO(2013)联合国教科文</td><td>身体健康；社会情绪；
文化艺术；文字沟通；
学习方法与认知；数字计算与数学；
科学与技术</td></tr>
<tr><td>美国</td><td>学习与创新技能；信息、媒体与技术技能
生活与职业技能</td></tr>
<tr><td>新加坡</td><td>公民素养、全球意识和跨文化交流技能；
批判性、创新性思维；交流、合作和信息技能；
社交与情绪管理技能</td></tr>
<tr><td>国内学者</td><td>文化基础：(人文底蕴、科学精神)
自主发展：(学会学习、健康生活)
社会参与：(责任担当、实践创新)</td></tr>
<tr><td colspan="2">……</td></tr>
</table>

2. *确定课程学习领域*

基于对人的发展核心素养的理解，我们从中小学课程标准的育人目标提炼出关键要素，结合校本育人目标，建构出学校的课程目标体系为语言交流、人文底蕴、科学精神、审美情趣、健康生活、认知能力、责任担当、合作能力、创新精神、实践能力。依据课程的目标体系和课程的学习内容，将学校的课程分为五大学习领域为语言与人文、科学与艺术、认知与健康、社会与生活、实践与创新。各学习领域都有侧重的育人价值，如语言与人文领域的课程以支持“语言交流与人文底蕴”目标为侧重；科学与艺术领域的课程以支持“科学精神与审美情趣”目标为侧重等。各课程学习领域，分别由基础型、拓展型和探究型三类课程构成，即相关科目课程共同构成学习领域，形成课程的整体力量，以实现整体支持目标体系(如表 3-2)。

3. *形成课程结构图*

课程结构是课程各部分的配合和组织，它是课程体系的骨架，主要规定组成课程体系的学科门类，以及各学科内容的比例关系、必修课与选修课、分科课程与综合课程的搭配等，体现出一定的课程理念和课程设置的价值取向。课程结构是针对整个课程体系而言的，课程目标是课程结构的灵魂；课程的学习领域是课程结构的骨架；课程的

表 3－2　课程目标体系与学习领域

<table>
<tr><th colspan="2">育人目标</th><th>课程目标</th><th colspan="3">课程领域</th></tr>
<tr><td rowspan="5">上海市普通中小学课程标准：上海市普通中小学课程总目标为，初步形成正确的人生观、价值观和世界观，具有民族精神和国际视野、民主与法制意识和社会责任感；具有适应终身学习的基础知识、基本技能和学习策略；具有初步的创新精神、实践能力和可持续发展能力；具有基本的人文素养和科学素养；具有健康的个性和良好的身心素质，养成健康的审美情趣和生活方式，成为有理想、有道德、有文化、有纪律的公民。</td><td rowspan="5">勇于负责：了解基本的国情国策，热爱祖国；具有国际视野，对祖国文化自信、自豪；了解公民基本的权利与义务；遵纪守法，文明礼貌；乐观自信；诚信负责；尊重他人，积极参加社会实践，了解和尊重各种职业；自觉参加公益活动；具有良好的劳动态度和劳动习惯；具有环境保护意识。
善于学习：掌握语言、数学、人文和科学等方面的基础知识；具有基本的阅读、表达能力；具有基本的运算能力；具有基本的分类、推理、归纳、演绎能力；具有实验动手能力和基本的科学探究能力；具有反思意识和批判性思维；勇于探索、大胆尝试，具有创新意识；养成终身学习的意识和能力。
团结合作：具有团队观念；会使用合作交流工具；能在不同的群体中交流沟通。
身心健康：具有健康的审美情趣；珍惜生命，了解自我；具有健康的身心；积极的生活态度；基本的自我保护能力。</td><td rowspan="5">语言交流
人文底蕴
科学精神
审美情趣
健康生活
认知能力
责任担当
合作能力
创新精神
实践能力</td><td rowspan="2">文化基础</td><td>语言与人文
提高语言建构与运用，文化传承与理解等。</td><td rowspan="5">基础型课程
拓展型课程
探究型课程</td></tr>
<tr><td>科学与艺术
培育科学态度与思维，审美意识与鉴赏等。</td></tr>
<tr><td>自主发展</td><td>认知与健康
养成自我认识与管理，健全人格与身心等。</td></tr>
<tr><td rowspan="2">社会参与</td><td>社会与生活
培育职业能力与自我指导，国家认同与社会责任。</td></tr>
<tr><td>实践与创新
提高生活实践与劳动意识，问题解决与技术运用等。</td></tr>
</table>

知识构成是课程结构的核心；课程形态是课程结构的组织单元。

聚焦育人目标，从多维度进行课程架构，形成课程结构。从课程内容的维度，学校课程分为五大学习领域，每个学习领域分别由基础型、拓展型和探究型三类课程构成；从课程形态的维度，三类课程分别由分科课程和综合课程组成；从课时安排的角度，三类课程分别由固定课时课程和非固定课时课程组成；从课程组织实施的角度，分别有必修课程和选修课程。从而，形成了“54321”学校课程结构（如图 3－1），即：建立五大学习领域——“语言与人文、科学与艺术、体育与健康、社会与生活、实践与创新”；凸显四项基本要素——“负责、善学、合作、健康”；发挥三类课程功能——“基础型、拓展型和探究型”；形成两种课程形态——“分科课程和综合课程”；围绕一个育人目标——“未来公民”。并形成了学校的课程结构表（表 3－3）。

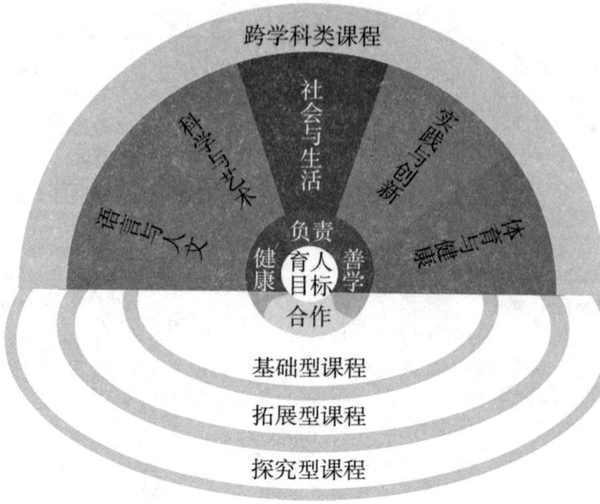

图 3－1　鞍山实验中学课程结构

表 3－3　鞍山实验中学课程结构表

<table>
<tr><th rowspan="2">学习领域</th><th rowspan="2">基础型课程</th><th colspan="5">拓展　探究课程</th></tr>
<tr><th colspan="2">课时　课程</th><th>校园活动</th><th>综合实践</th><th>专题教育</th></tr>
<tr><td>语言与人文</td><td>语文/英语/写字</td><td>我们来悦读/爱读红楼梦/学说上海话/诗经之美/朗读与演讲/外教课程/共同的祝福礼仪文化</td><td rowspan="3">跨领域课程：共同的祝福/礼仪文化/茶艺/法案追踪/媒介素养/校园植物探秘/地理科学综合案例分析</td><td>成语大赛/读书节/英语演讲/闹元宵猜灯谜/温馨教室评比</td><td rowspan="3">清明扫墓(团员)/春秋游社会实践/十四岁生日/暑期教育/文化行走/参观海洋研究所禁毒所等场馆课程</td><td rowspan="3">安全与防范教育/法律与道德教育/民族与文化教育/环境与健康教育/综合与实践教育</td></tr>
<tr><td>科学与艺术</td><td>数学/物理/化学/科学/生命科学/地理/音乐/美术/艺术</td><td>STEM 课程/E+数学/数学建模/有趣的化学/课本上学不到的数学/益智数学小游戏/手绘年画/丝带绣/合唱/戏剧表演/话剧欣赏与入门/影视欣赏/茶艺</td><td>数学竞赛/物理竞赛/化学竞赛/艺术节</td></tr>
<tr><td>认知与健康</td><td>体育与健身/心理</td><td>灵动心理剧社/手球/足球/篮球/红十字救护/围棋/功夫扇/排球/象棋</td><td>心理月/大课间活动/体育小型竞赛/运动会/心理和健康午会广播</td></tr>
</table>

续 表

学习领域	基础型课程	拓展 探究课程				
		课时 课程		校园活动	综合实践	专题教育
社会与生活	道德与法治/历史/地理/社会	历史天地/时政小组/学说上海话/法案追踪/媒介素养		德育单元课程/爱心义卖/消防地震演习		
实践与创新	劳动技术/信息技术/实验	STEM课程/无人机/创意应用设计—安卓APP制作/创造你的游戏/纪录片编辑室/木工制作/探究学习方法体验/校园植物探秘/微型物理实验/丝带绣		科技节/开放创新实验		

4. 建设课程结构路径

在课程建设实践中，我们形成了课程结构建设的基本路径。首先，研究国家育人目标和校本育人目标，提炼出关键要素，同时研究核心素养，形成对核心素养的校本理解；然后，结合育人目标的关键要素和核心素养的校本理解，根据课程内容，划分课程学习领域；最后，从课程的内容、形态、组织方式、实施过程等维度，建设课程结构（图 3 - 2）。

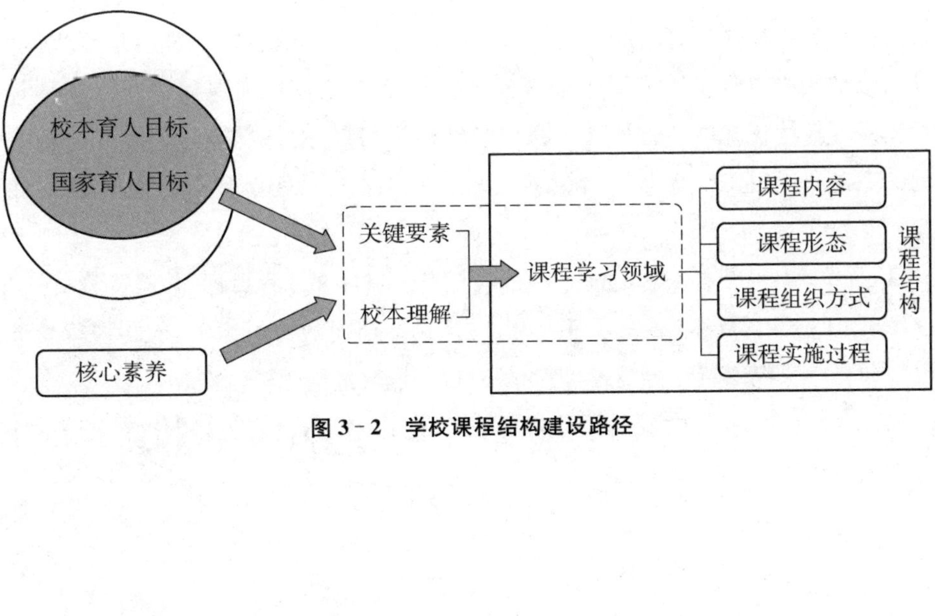

图 3 - 2　学校课程结构建设路径

我们发现，学生成长不同素养的培育路径与方式是不一样的。有的素养可以通过相应的显性课程培育，有的素养是通过隐性课程培育的，有的素养主要是通过某门课程培育的；有的素养是需要通过综合课程培育的，还有的素养是所有课程共同培育的。校本育人目标"负责、善学、合作、健康"的培育需要多领域课程共同实现，并贯穿于课程实施的整个过程。因此，我们把校本目标"负责、善学、合作、健康"作为学校课程的总目标的一部分，这是学校课程实施的重点关注要素，也是学校课程与教学的特色。

第二节　运用"目标对标"进行课程诊断优化

1. 问题背景

随着课程领导力项目的持续推进，学校课程建设的意识与能力不断提升。从局部校本课程开发和国家课程校本实施，到学校整体育人目标与课程结构系统建设，呈现了学校课程从点上突破到整体设计的发展过程。但是，教师进行课程开发与实施时，主要是基于自身的专业特长和学生的喜爱需求，缺少从课程与育人目标之间的关系来分析课程的开发与实施。因此，学校课程尽管门类众多，但是各类课程往往是平铺直叙的门类叠加。如何对课程进行诊断评价，促进课程优化更新，更好地形成课程的整体力量？这是学校课程建设普遍需要解决的问题。

学校的课程设置，从"教师特长"到关注"学生喜爱"，依据"学生喜爱"程度决定课程的更新优化，这是学校课程建设的重大进步。但是，随着学校课程的数量、门类的不断增多，对学校课程优化提出了新的要求。那么，课程优化更新的依据是什么？仅以"学生喜爱"为学校课程评价与更新的依据是片面的，课程的核心价值是育人，课程建设归根结底应该是基于育人的需要。如何依据育人目标为课程进行诊断性评价是学校课程持续优化的关键所在。我们尝试运用"目标对标"，通过对育人目标与课程的关系进行分析，对课程作出诊断评价，引导课程的更新优化。主要解决如下问题：

(1) 如何编制"目标对标"分析工具，对标育人目标和课程目标，并进行关联分析？

(2) 如何运用"目标对标"分析工具，进行目标导向的分析诊断，研制课程整体诊断报告和各门课程诊断分析报告，为教师进行课程改进优化提供指导意见？

(3) 建立怎样的工作机制，保障将课程诊断分析报告的意见，转化为课程更新优化的实践行动？

2. 实施要点

运用“目标对标”分析，促进课程优化更新主要有三个步骤。第一是编码，即编制“目标对标”分析工具；第二是分析，即开展目标导向的分析诊断；第三是应用，即根据诊断报告，进行课程更新优化，并将优化后的课程再次进行“目标对标”，从而形成“三步循环”课程优化(图 3-3)。

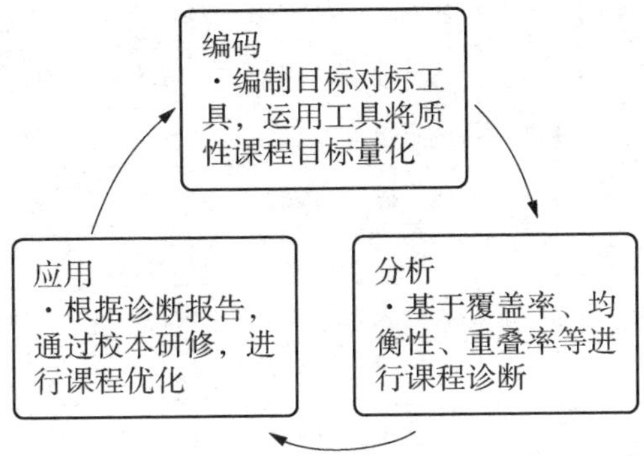

图 3-3　促进课程优化更新的三步骤

下面针对编码、分析、应用三个步骤的实施，进行具体解释说明。

第一阶段：编码对标——如何编制“目标对标”分析工具？

首先，研制育人目标编码系统。将学校的育人目标具体化、行为化、操作化形成二级指标。同时为指标进行编码，形成育人目标系统(表 3-4)。

表 3-4　鞍山实验中学育人目标系统

育人目标	编码	指标	解　　释
勇于负责	A1	热爱祖国	了解基本的国情国策，热爱祖国
	A2	热爱传统文化	具有国际视野，对祖国文化自信、自豪
	A3	公民意识	了解公民基本的权利与义务
	A4	守法明礼	遵纪守法，文明礼貌
	A5	乐观自信	积极乐观，阳光自信
	A6	诚信负责	诚实守信，负责担当
	A7	尊重别人	尊重他人，积极参加社会实践，了解和尊重各种职业
	A8	热心公益	自觉参加公益活动
	A9	热爱劳动	具有良好的劳动态度和劳动习惯
	A10	环保意识	具有环境保护意识

续 表

育人目标	编码	指标	解　　释
善于学习	B1	文化基础	掌握语言、数学、人文社会和科学等方面的基础知识
	B2	阅读表达	具有基本的阅读、表达
	B3	计数运算	具有基本的运算能力
	B4	基础逻辑	具有基本的分类、推理、归纳、演绎能力
	B5	实验探究	具有实验动手能力和基本的科学探究能力
	B6	反思批判	具有反思意识和批判性思维
	B7	创新探索	勇于探索、大胆尝试,具有创新意识
	B8	终身学习	养成终身学习的意识和能力
团结合作	C1	团队观念	具有大局意识、协作精神和服务精神
	C2	使用交流工具	会使用合作交流工具
	C3	跨群体沟通	能在不同群体中交流沟通
身心健康	D1	健康审美	具有健康的审美情趣
	D2	珍爱生命	珍惜生命,了解自我
	D3	健康身心	具有健康的身心
	D4	积极乐观	积极的生活态度
	D5	自我保护	基本的自我保护能力

然后,根据育人目标系统,进行课程申报。教师填报课程申报方案时,需要参考育人目标系统的指标解释,对自己申报的课程目标进行属性对标并编码,例如《纪录片编辑室》课程的申报(表 3 - 5)。

表 3 - 5 《纪录片编辑室》课程申报表

	课程名称	学习领域	年级	课程目标	编码
基本情况	纪录片编辑室	实践与创新	7	知道纪录片的三要素,感受三要素之间的相互关系;	B1;B4
				通过纪录片的拍摄制作过程,感受其蕴含的是非美丑和社会意义;	A9;D1;D4
				通过团队合作,将纪录片三要素拆解呈现,完成一部简短纪录片的拍摄;	B6;C2
				通过纪录片拍摄过程,体会过程的不易及其社会意义;	A9;A6

续 表

	课程名称	学习领域	年级	课程目标	编码
				通过纪录片拍摄过程，提高环境保护意识，感悟生命的独特魅力。	A10；D2
单元内容	略				
教学进度	略				
课程说明	略				

最后，形成“目标对标”工具。课程部将教师的课程申报表，按照序号、课程名称、所属学习领域、所在年级、课程目标进行汇总。课程委员会对教师申报的目标编码，进一步进行论证。并将每门课程的每条目标分别与目标编码系统进行对标，从而形成“对标编码”工具（表 3－6）。

表 3－6　课程目标与育人目标对标工具

序号	课程名称	课型	模块	6年级	7年级	8年级	课程目标	善学			负责		合作	健康
4	数学史	拓展型	科学与艺术	1			了解数学的发展历史，感知数学对人类发展历程的作用，激发学生对学习数学的兴趣	b1	b8					
4	数学史	拓展型	科学与艺术	1			丰富学生数学学习内容，积极倡导小组合作和探究	b5					c1	
5	e＋数学	拓展型	科学与艺术		1		培养学生养成良好的思维习惯	b4						
5	e＋数学	拓展型	科学与艺术		1		良好的表达习惯	b2						
6	有趣的化学	拓展型	科学与艺术			1	学习化学基本知识和基本的实验操作技能	b1	b5					
6	有趣的化学	拓展型	科学与艺术			1	从实验、生活中体验探知科学的知识和规律	b1	b5	b7				
6	有趣的化学	拓展型	科学与艺术			1	激发学生学习化学学科的兴趣	b8						
6	有趣的化学	拓展型	科学与艺术			1	养成善于思考，乐于探究，合作学习的科学研究态度和学习行为的学科素养	b1	b5	b7			c1	

续 表

序号	课程名称	课型	模块	6年级	7年级	8年级	课程目标	善学			负责		合作	健康
8	丝带绣	拓展型	科学与艺术	1			解放学生的眼、手、心灵	b7						d3
8	丝带绣	拓展型	科学与艺术	1			培养学生的兴趣爱好	b8						
8	丝带绣	拓展型	科学与艺术	1			提高学生发现美、欣赏美、创造美的能力							d1
8	丝带绣	拓展型	科学与艺术	1			培养学生的坚持性和意志力				a6			
8	丝带绣	拓展型	科学与艺术	1			增强学生的实践能力和动手操作能力	b5						
8	丝带绣	拓展型	科学与艺术	1			积极构建“心灵手巧”的学生文化，体验到“传统文化”的魅力				a2			
8	丝带绣	拓展型	科学与艺术	1			培养“传统文化和现代文明”相结合的一代新人				a2			
10	益智数学小游戏	探究型	科学与艺术	1			巩固学生课内所学知识	b1						
10	益智数学小游戏	探究型	科学与艺术	1			提高学生用所学的数学知识解决实际问题的能力	b4						
10	益智数学小游戏	探究型	科学与艺术	1			培养学生学习数学的兴趣	b8						
18	年画	拓展型	科学与艺术	1				b1			a2		c1	d1
19	合唱	拓展型	科学与艺术	1	1		培养学生爱好音乐的情趣							d1
19	合唱	拓展型	科学与艺术	1	1		发展音乐感受与鉴赏能力、表现能力和创造能力	b7						d1
19	合唱	拓展型	科学与艺术	1	1		提高音乐文化素养	b1						
19	合唱	拓展型	科学与艺术	1	1		丰富情感体验，陶冶高尚情操							d3

续 表

序号	课程名称	课型	模块	6年级	7年级	8年级	课程目标	善学			负责		合作	健康
2	时政小组	探究型	社会与生活			1	培养学生的爱国主义精神				a1			
2	时政小组	探究型	社会与生活			1	关心时事				a1	a3		
2	时政小组	探究型	社会与生活			1	提高自身的政治素养	b1	b6					
2	时政小组	探究型	社会与生活			1	培养合作意识						c1	
1	创意应用设计——安卓APP 制作课程	拓展型	实践与创新		1	1	学会使用按钮组件、图像组件、标签、水平布局等组件构建屏幕	b1						
1	创意应用设计——安卓APP 制作课程	拓展型	实践与创新		1	1	会多屏幕之间切换	b1						
1	创意应用设计——安卓APP 制作课程	拓展型	实践与创新		1	1	学会并运用加速度传感器、音乐播放器、计时器等组件实现程序运行	b1						
1	创意应用设计——安卓APP 制作课程	拓展型	实践与创新		1	1	通过演示及实例讲解，了解各组件及其程序代码的运行	b1						
1	创意应用设计——安卓APP 制作课程	拓展型	实践与创新		1	1	通过“新年贺卡”主题活动，学会自己设计特定功能程序的技能	b1						
1	创意应用设计——安卓APP 制作课程	拓展型	实践与创新		1	1	提升学生信息思维能力，解决实际问题的方法	b4						
14	创造你的游戏	拓展型	实践与创新	1			发展学生的问题解决思维	b4						

续 表

序号	课程名称	课型	模块	6年级	7年级	8年级	课程目标	善学			负责		合作	健康
14	创造你的游戏	拓展型	实践与创新	1			培养学生的编程思维	b1						
3	红十字救护	探究型	体育与健康			1	学会紧急呼救		b1					
3	红十字救护	探究型	体育与健康			1	初步学会简单的止血、包扎、固定和搬运方法	b1						
3	红十字救护	探究型	体育与健康			1	懂得自救和互救对自己和他人生命的重要							d2
16	心灵剧场	拓展型	体育与健康		1	1	提升学生的自我认识水平，促进学生增强表达的自信。				a5			d2
16	心灵剧场	拓展型	体育与健康		1	1	用心理剧的技术探讨个人在人际交往中的模式，尝试新的人际交往方式。						c3	
16	心灵剧场	拓展型	体育与健康		1	1	学习心理剧的一些技术，并且将情景剧的技术带到班级，进行班级心理情景剧的排演	b1						

编码规则为：一条课程目标，可以对应不同维度的多个编码，只要该目标能够支持某个编码所代表的育人目标。

第二阶段：分析诊断——提供什么样的课程诊断报告？

依据“目标对标”工具，对课程目标进行统计分类。从整体课程目标与育人目标对标的覆盖率与均衡度，分析课程对育人目标支持的充分性与必要性；通过具体学科课程目标对育人目标的分布情况，分析学科课程的必要性；从不同学科目标之间可能出现的重叠率，分析学科间的协同育人关系。形成关于总体课程的诊断报告和每一门具体课程的诊断报告（表 3－7，表 3－8）。

根据课程整体诊断报告可以发现：课程目标对育人目标“负责、善学、合作、健康”四个要素的支持不平衡（图 3－4），关注善学的目标比较多，但是关注负责、合作、健康的目标偏少。

表 3-7　课程整体诊断报告

覆盖均衡	课程证据	数据分析
整体报告	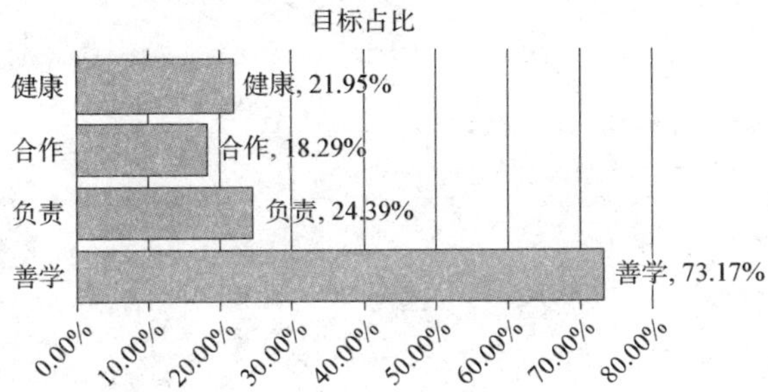 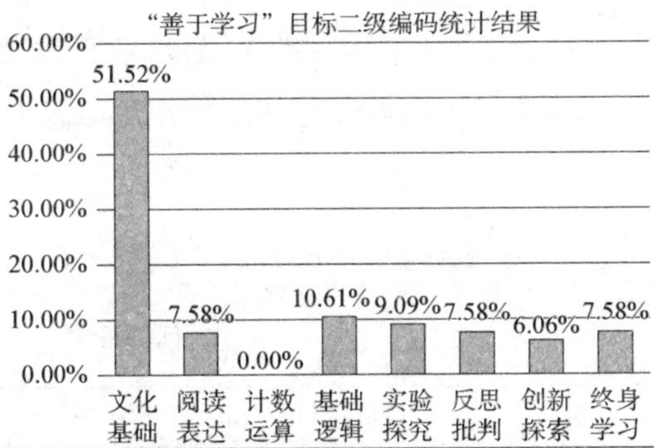	**分析：** 1. 课程目标对育人目标“负责、善学、合作、健康”四个要素的支持不平衡(如图)。关注善学的目标比较多，但是关注负责、合作、健康的目标偏少。 2. 进一步分析善学维度的目标，可以发现，课程对善学内部 8 项分目标的支持也不平衡，其中文化基础约占 51.5%，而对高阶思维和学习策略的支持明显不足。 这些数据表明，学校开设的课程与育人目标还有不匹配的地方：有些目标缺乏课程支持，另一些目标的课程支持过多。其原因可能有：(1)学校的整体课程设置不平衡，导致不匹配。(2)教师的单科课程目标确定有偏差，导致不平衡。
	建议：通过校本研修，引导教师增加开发针对“合作、善学”素养目标的课程(如共同的祝福礼仪文化、媒介素养、校园植物探秘等)。同时，指导教师完善单门科目目标设置。如《纪录片编辑室》的课程目标可以更加关注实践性、体验性的目标。	

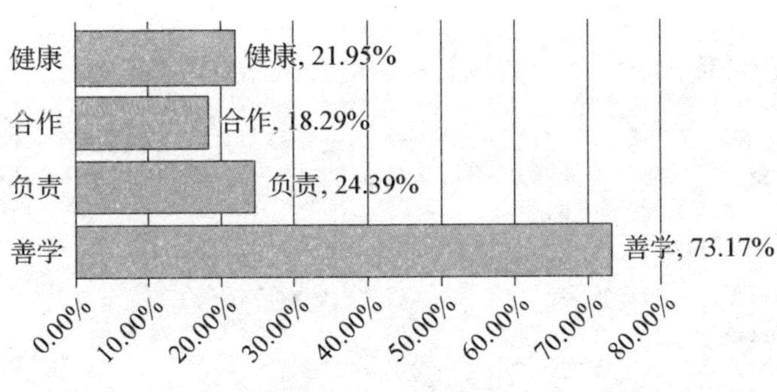

图 3-4　目标占比

进一步分析善学“维度”的目标，可以发现课程对“善学”内部 8 项分目标的支持也不平衡，其中对高阶思维和学习策略的支持明显不足(图 3-5)。

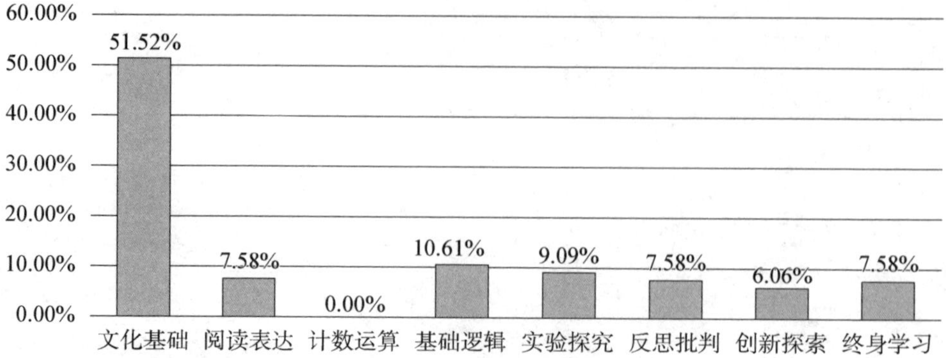

图 3－5 "善于学习"目标二级编码统计结果

数据表明，目前校本课程与育人目标仍有匹配不佳的情况，即课程对部分目标的支持存在不足或过剩的情况。其中原因有整体课程设置存在不平衡，还有部分课程目标设置不合理，有待调整。

表 3－8 《纪录片编辑室》课程诊断分析

<table>
<tr><th>必要重叠</th><th>课程目标</th><th>对标分析</th></tr>
<tr><td rowspan="2">具体课程报告</td><td>1. 理解大千世界的真善美；
2. 用心发现身边的真善美并呈献给大家；
3. 具备一定的艺术鉴赏能力；</td><td>1. 对标编码：A3；A7；C3；D1
2. 课程目标分布于相对缺少支持的目标领域(负责、合作、健康)，是育人目标需要的课程。
3. 课程目标描述比较笼统含糊，容易与其他课程目标重复，如目标 3。</td></tr>
<tr><td colspan="2">建议：
1. 对照目标编码，设计课程目标；关注课程的多维目标。如课程实施过程可以更加关注实践性、体验性的目标；内容选取可以关注公益活动、职业和劳动方面的素材；完成过程可以注重合作素养。
2. 目标表述可以从水平、过程、范围等方面进一步具体，以区别于其他课程的目标。如"具备一定的艺术鉴赏能力"可以从几个方面进一步具体：通过具体什么路径提高；提高"艺术鉴赏"的哪方面能力。</td></tr>
<tr><td>自我分析</td><td colspan="2">表述：要求清晰（　　）　描述含糊（　　）
水平：过低（　　）　重复（　　）　适当（　　）　过高（　　）
范围：具体（　　）　笼统（　　）
分布：全面（　　）　偏面（　　）</td></tr>
<tr><td>修改结果</td><td colspan="2">知道纪录片的三要素，感受三要素之间相辅相成的关系；知道纪录片拍摄的不易，及其社会意义；能够通过团队合作，将纪录片三要素拆解呈现；能够通过团队合作，完成一部简短纪录片的拍摄；能够通过纪录片辨别是非美丑；意识到环境保护的重要性；感悟生命的独特魅力。</td></tr>
</table>

第三阶段：应用优化——如何将课程诊断转化为课程优化更新的行动？

首先，反馈课程诊断报告。对课程整体诊断报告进行统一解读，并分享优秀课程设计方案。例如，诊断报告分析：学校课程在阅读表达、反思批判、创新探索等方面占比较少，因此，增加开发支持这几方面育人目标的新的课程，如共同的祝福礼仪文化、媒介素养、校园植物探秘等。

其次，分组研讨诊断意见。对具体课程诊断报告，通过个别方式反馈，并分小组交流具体学科课程的诊断报告，以相互借鉴。同时，对课程诊断报告进行评估，并针对目标设计的问题（如表意不清、描述含糊、要求不适等）互相提出修改建议。

再次，修改课程申报方案。根据自我评估的意见，对照育人目标编码系统，重点关注课程目标对育人目标的支持作用、对核心素养的培育作用等，对课程申报方案中的课程目标进行完善优化，并再次做目标编码。如《纪录片编辑室》的课程目标（表 3 - 9）：

表 3 - 9 《纪录片编辑室》的课程目标

第一次课程目标	优化后课程目标
1. 理解大千世界的真善美 2. 用心发现身边的真善美并呈献给大家 3. 具备一定的艺术鉴赏能力	1. 知道纪录片的三要素，感受三要素之间相互关系； 2. 通过纪录片的拍摄制作过程，感受其蕴含的是非美丑和社会意义； 3. 通过团队合作，将纪录片三要素拆解呈现，完成一部简短纪录片的拍摄； 4. 通过纪录片拍摄过程，体会过程的不易及其社会意义； 5. 通过纪录片拍摄过程，提高环境保护意识，感悟生命的独特魅力。

其中，第一次课程目标“具备一定的艺术鉴赏能力”的表述笼统，与其他学科课程目标重叠，修改后课程目标更加明确了“知道纪录片的三要素，感受三要素之间的相互关系”“通过纪录片的拍摄制作过程，感受其蕴含的是非美丑和社会意义”等。同时，修改后目标更具实践性、体验性特点，不仅要求学生具有积极的实践意识、健康的审美能力，也引导他们关注社会意义，凸显了育人目标对课程目标设计的导向作用。

另外，在优化完善的过程中，通过复盘课程目标与育人目标编码系统，结合教师访谈，完善优化编码指标及其解释，提高编码体系的科学性、指导性，提高“育人目标编码系统”对落实育人目标的导向作用。

3. 主要成果

(1) 形成了鞍山实验中学育人目标系统

缺乏系统构建的育人目标很难真正落实到课程实践中，只有建立起育人目标转化为课程目标的关联工具，将育人目标具体为课程行动表达，才能有效促进课程育人落地生根与开花结果。编制“目标对标”分析工具，促进学校形成了育人目标编码系统（表 3－4）。

（2）开发与“对标编码”相关的工具表

为了进行“对标编码”，我们开发了课程申报方案表（图 3－6）；编制了课程整体诊断报告和具体课程诊断报告工具表（表 3－7、表 3－8）。

（3）形成了课程优化实施流程

通过回答“如何进行课程评价诊断，促进课程优化更新”的问题，我们形成了基于证据检核的课程优化更新操作流程。即通过“编码-分析-应用”三个阶段的大循环和“诊断反馈-研讨自评-修改完善-重新编码”应用阶段三步小循环，完成从问题发现到问题解决的全过程，初步实现了育人目标引领下的课程优化操作路径（图 3－6）。

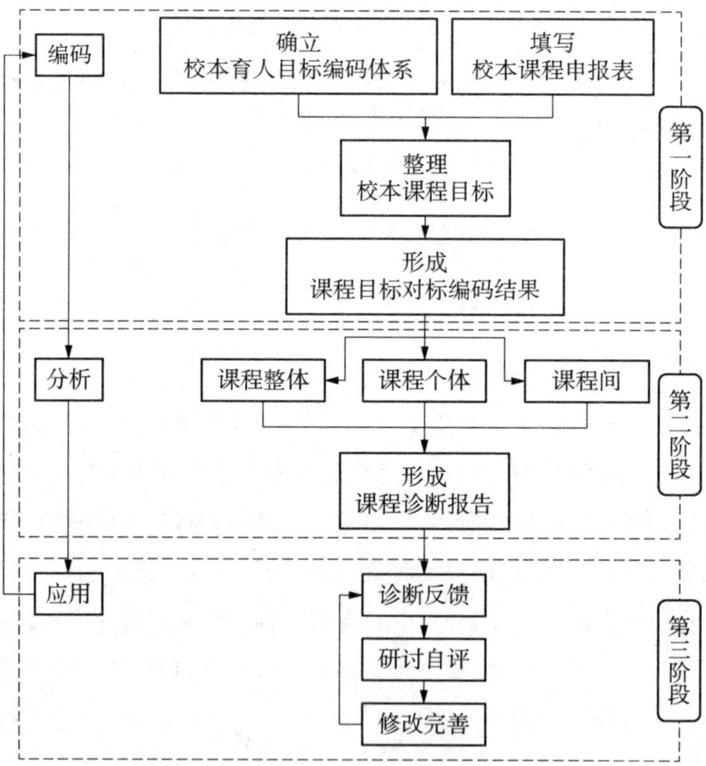

图 3－6　课程诊断优化流程图

4. 实施成效

(1) 课程目标与育人目标的匹配度提升

运用"对标编码",通过第一轮课程诊断分析后,根据编码分析的数据,确定了新增课程的类型,引导教师增加了开发育人目标需要的课程(共同的祝福礼仪文化、媒介素养、校园植物探秘等)。同时,指导教师完善了具体课程目标设置(《纪录片编辑室》的课程目标修改前后比较)。在进行第二轮"对标编码"分析后,惊喜地发现课程对育人目标的支持占比提高,且更趋均衡,即课程更接近综合育人目标且匹配度提升(如图3-7)。

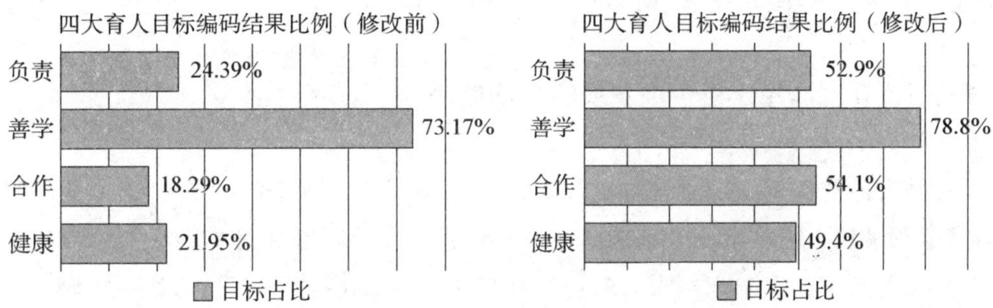

图 3-7 课程目标与育人目标的匹配度(修改前与修改后)

(2) 教师课程育人的意识明显提升

在第二轮进行"对标编码"时,有几个新的变化。一是新课程申报方案的课程目标更加多样丰富,第一轮相对缺乏支持的育人目标明显出现在一些课程中。二是课程目标的表述更加具体清晰,出现从课程目标的水平、课程实施过程和目标指向范围等方面加以具体,课程目标对内容选择和课程实施的指导作用更加显现,初步形成了对标育人目标的课程设计逻辑。

同时,在运用"对标编码"进行课程诊断分析的访谈过程中,老师普遍表示:过去缺乏参考工具,确定课程目标主要是依靠直观感觉和经验假设。在提供"育人目标编码系统"后,一方面有了参照标准,自己确定课程目标就更加便捷,另一方面也提醒自己在确定课程目标时,要更加关注学生发展需要,特别是支持不足的指标。

5. 实践反思

(1) "目标对标"分析,只是从课程目标的角度探讨课程的更新优化。但是,课程的更新优化不仅限于课程目标,还要从——课程内容、课程实施、课程评价等多个环节进行更新优化。

(2) 目标的分解与解释的合理性有待论证。通过对育人目标具体化、行为化形成了“育人目标编码系统”。但是,目标的分解与分配是否准确、合理值得探讨。

(3) 育人目标与课程目标之间匹配关系的假设有局限。育人目标的各方面不一定需要相同的课程比重,就像糖类、脂肪、蛋白质是人体最重要的三大营养物质,但最健康的摄入比例却并不是 1∶1∶1。依据均衡与否去评判当前课程对育人目标支持是否充分是存在局限性的。

因此,我们运用“对标编码”进行课程诊断分析时,主要目的是“发挥育人目标导向课程优化更新的作用”,基本策略是“定量分析,定性应用”。

第三节　开发满足学生个性发展的有选择课程

“适合的教育”既要适合不同群体的学生,又要适合不同个体的学生,落实到课程建设必须关注个性差异,让课程有选择。在课程建设的过程中,学校可选择的课程不断增多,但是学生能选择的课时却非常有限。另外,基础型课程尽管有统一的课程标准,但学生实际达成的学习结果还是有差异的。我们通过基础型课程的校本化开发,增加了基础型课程的选择性,从而满足了不同学生的学习需求。

1. 研究课程标准,编制课程学习纲要

基于学校的师资情况、场地条件和学生学习需求,我们选取统考学科中的数学、英语和非统考学科中的体育、音乐、美术作为选课走班教学的试点学科。其中,英语和数学学科,根据学习水平设置分层课程;音乐、美术和体育学科,根据学习兴趣设置模块课程,数学和英语分成三个不同水平的课程,音乐、美术和体育各分成三个模块课程。

对于基础型学科,选课的目的是为了更好地实现课程标准的达成,选课课程的开发要立足国家课程标准。我们从研究试点学科的课程标准入手,通过课程标准的文献研究,深入学习把握课程标准的要求,并进行课程标准的进一步细化分解。为此,研发了“课程目标分解工具表”(表 3-10),试点学科的教师都参与了课程标准的学习研究。其中,音乐、美术和体育学科,基于学习兴趣,确定课程模块,然后,将单元目标转化模块目标;数学和英语学科,基于学习水平,将单元目标具体为三个水平的学习目标,确定分水平课程。

表 3-10　鞍山实验中学课程目标分解

课程总目标	摘抄课程标准：	
单元主题与学时	单元目标	学习目标 （说明：依据学习水平或学习兴趣，将单元目标通过分配、分层、分解，转化为学习目标）
（依据学科的学习内容的特点划分单元）	（摘抄课标对应内容）：	A：
		B：
		C：

将单元目标进行分层、分类，转化为学生的学习目标后，邀请学科专家与教师共同研讨“目标分解的适切性”，初步达成“课程目标”向“学习目标”转化的共识。然后，依据学习目标确定核心内容与基本学习资源，形成课程学习纲要（表 3-11）。

表 3-11　鞍山实验中学学科选课课程实施纲要

课程名称		课时	
课程总目标与年级目标			
单元主题 （依据学科的学习内容的特点划分单元）	单元目标 （摘抄课标对应内容）	学习目标 （依据学习水平或学习兴趣，将单元目标通过分配、分层、分解，转化为学习目标）	学习内容与资源 （与目标对应的核心内容与基本学习资源包括练习作业）
		A：	
		B：	
		C：	

2. 组建课程开发组，编制校本教学实施指南

编制好课程纲要后，组建课程开发组。先根据课程学习纲要，编制课程设计样例，提取学科共性要素，形成课程教学设计的结构框架，包括学习目标与课时安排——学习资源——教学建议——活动设计——作业设计——评价建议（图 3-8），并邀请指导专家对样例进行研讨，确定学科课程校本化设计的基本要求。然后分工编制，再统一组稿统稿。最后，专家论证，形成校本化教学指南（表 3-12）。开学前，课程开

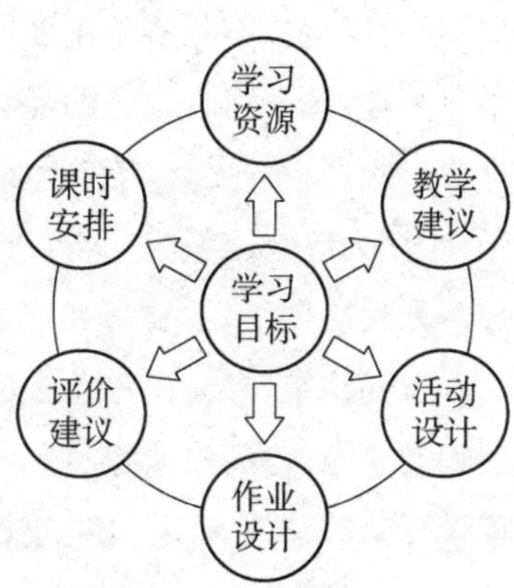

图 3-8　课程纲要架构图

发小组分别就执笔编写的课程设计，对课程实施的教师解读编写意图。然后，进入课程实施。

表 3 - 12　鞍山实验中学学科课程教学指南(模板)

<table>
<tr><td>单元主题</td><td colspan="2"></td><td>课时</td><td></td></tr>
<tr><td>单元目标</td><td colspan="4"></td></tr>
<tr><td></td><td>学习内容与资源
(与目标对应的核心内容与基本学习资源包括练习作业)</td><td>学生主要学习活动：
(针对学习目标和学习资源，设计主要的学习活动)</td><td colspan="2">教学建议：</td></tr>
<tr><td>学习目标 A：</td><td></td><td></td><td colspan="2"></td></tr>
<tr><td>学习目标 B：</td><td></td><td></td><td colspan="2"></td></tr>
<tr><td>学习目标 C：</td><td></td><td></td><td colspan="2"></td></tr>
<tr><td>作业设计</td><td colspan="4"></td></tr>
<tr><td>评价建议</td><td colspan="4"></td></tr>
</table>

3. 开展选课教学实践

教导处将 2 个教学自然班作为整体，一门学科分成三种课程供学生选课。学生根据《学科课程校本化实施纲要》，结合自己的数学、英语学习水平和音乐、体育、美术的学习兴趣，选择适合自己的课程进行走班学习。课程实施的教师，根据课程教学指南进行二次课程开发，编制教学设计并进行教学实践。课程开发组与课程实施组的老师，定期开展选课教学的听评课研讨，研究选课后的教学方式的改进和课程纲要的修订。课程协调组，主要研究走班选课的课程组织管理，研发选课平台系统。

学期结束，参与课程实施的教师，撰写关于《学科课程校本化实施刚要》《学科选课课程教学指南》的修改意见和一份实践案例。由课程实施组老师向课程开发组提出课程设计修改建议，课程开发组根据修改建议，进一步修改完善课程纲要与课程设计，并进入新一轮实践。

这个过程，我们收获的不是课程文本，而是国家课程校本开发的校本流程(图3-9)。

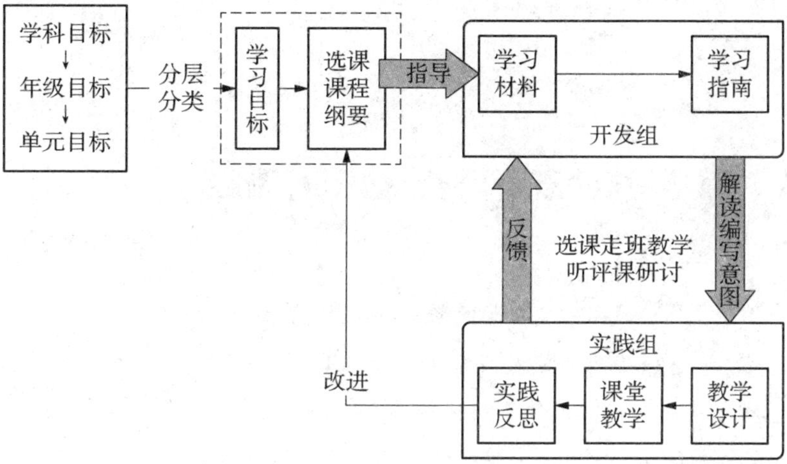

图 3-9　国家课程校本开发的校本流程图

在这个流程中，既关注了教研组整体对课程标准的学习研究，通过将课程单元目标转化为学习者的学习目标，提高学科老师对课程标准与学生学习的理解与把握。又关注了核心骨干的作用，经过运用骨干团队编制《学科选课课程刚要》和《选课教学指南》，发挥专业的引领作用，经过运用两次互动机制，来落实课程开发与实践的行动研究，保障了国家课程校本化的有效实施。

第四章　探寻适合"五育融合"的德育路径

"适合的教育"必须顺应人的天性要求，激发人的潜能；合乎人的社会性要求，使人成为社会的人、时代的人；唤醒人的精神性要求，使人超越被动，成为精神性的存在。因此，必须建立适合立德树人的育德机制。

《中小学德育工作指南》指出始终坚持育人为本、德育为先，大力培育和践行社会主义核心价值观，以培养学生良好思想品德和健全人格为根本，以促进学生形成良好行为习惯为重点，以落实《中小学生守则（2015 年修订）》为抓手，坚持教育与生产劳动、社会实践相结合，坚持学校教育与家庭教育、社会教育相结合，不断完善中小学德育工作长效机制，全面提高中小学德育工作水平，为中国特色社会主义事业培养合格建设者和可靠接班人（2017 年 8 月教育部印发）。

我们根据学生的经历与经验、身心特征、认知规律和品德发展的阶段特征，通过构建学生行规教育体系和综合德育活动，来帮助学生获得道德认知，陶冶道德情感，磨炼道德意志，示范道德行为，形成道德习惯。

第一节　构建行规教育体系

以"构建适合的教育，成就师生的成长"的教育理念为指导，形成了"以行为规范养成为核心，行为规范教育课程为载体，发展银行与校园之星为评价机制"的行为规范体系。学校先后荣获上海市文明单位、上海市行为规范示范校、上海市安全文明校园、上海市优秀家长学校、上海市家庭教育先进集体……学校办学水平、社会声誉逐步提升，成为深受百姓欢迎的家门口好学校。

1. 形成行规教育分层目标

学校育人目标——“勇于负责、善于学习、团结协作、身心健康的未来公民”。基于育人目标和学生个体、个性发展的基础与需求,依据学生的成长规律和认知规律,从学校的实际出发,逐步形成了各年级行规养成的目标和侧重点(表 4 - 1)。

表 4 - 1　各年级行规养成侧重点

<table>
<tr><th>年级</th><th>分目标</th><th>行为规范侧重点</th></tr>
<tr><td>预备</td><td>适应初中学习、生活,在教师的指导下养成良好的基本行为规范,健康成长。</td><td rowspan="4">1. 仪容仪表规范
2. 进校礼仪规范
3. 课间休息规范
4. 午间用餐规范
5. 三操规范
6. 课堂规范
7. 作业规范
8. 同学交往礼仪规范
9. 集体活动规范
10. 专用教室使用规范
11. 办公室礼仪规范
12. 家庭礼仪规范
13. 公共场所行为规范
14. 社会交往礼仪规范</td></tr>
<tr><td>初一</td><td>主动学习,亲近友爱同学,学会分工合作,以行动为集体增光。</td></tr>
<tr><td>初二</td><td>拓展知识面,提高学习能力;会用礼貌的方式与老师、家长交流。</td></tr>
<tr><td>初三</td><td>明确目标,发扬刻苦勤奋与拼搏精神,并落实于学习生活中;积极参与社会实践、有较强的社会责任感。</td></tr>
</table>

2. 构建行为规范教育体系

学校将育人目标、年级分目标和行规侧重点进行整合,初步形成了学校有设计、年级有目标、阶段有主题、实施有渠道、班级有抓手的行为规范课程体系(表 4 - 2)。

表 4 - 2　鞍山实验中学行为规范教育课程体系

<table>
<tr><td colspan="5">未来公民(勇于负责,善于学习,团结协作,身心健康)</td></tr>
<tr><td rowspan="2">模块
年级</td><td>责任教育</td><td>感恩教育</td><td>合作教育</td><td>理想教育</td></tr>
<tr><td>养成习惯,完善自我——责任从小事做起</td><td>懂得感恩,学会报答——责任由感恩开始</td><td>团队合作,荣辱与共——责任在集体发光</td><td>树立理想,回馈社会——责任与理想同行</td></tr>
<tr><td>预备</td><td colspan="4">适应初中学习、生活,在教师的指导下养成良好的基本行为规范,健康成长。</td></tr>
<tr><td>初一</td><td colspan="4">主动学习,亲近友爱同学,学会分工合作,以行动为集体增光。</td></tr>
<tr><td>初二</td><td colspan="4">拓展知识面,提高学习能力;会用礼貌的方式与老师、家长交流。</td></tr>
<tr><td>初三</td><td colspan="4">明确目标,发扬刻苦勤奋与拼搏精神,并落实于学习生活中;积极参与社会实践、有较强的社会责任感。</td></tr>
</table>

续 表

	时间	主题	主要活动
主题教育	2 月	责任，从规范行为开始	行规教育；制定班级文明公约
	3 月	社区，我们共同的家园	“低碳、护绿、环保”活动；社会实践活动
	4 月	学习，学生的本职	学法指导；加强常规检查与反馈
	5 月	探寻爱国源泉，培养科学素养，做守法公民	民俗端午；科技节；心理月；法制教育周
	6 月	快乐童年，在党的阳光下成长	六一活动；少代会；校园之星评选；德育研讨活动(行规阶段小结)
	7—8 月	快乐暑假，社区共建	社会实践、志愿者行动
	9 月	走进鞍实，桃李沁香	行规教育；尊师重教、感恩教育
	10 月	祖国变化我成长，身心健康好少年	主题班队会；学生运动会
	11 月	经典伴我行，法制在我心	读书节；法制教育月
	12 月	诚实守信，自尊自爱 (中国心，两岸情)	诚信廉洁教育；涉台教育；艺术节
	每周	升旗仪式、校会、十分钟队会	
仪式教育	预备年级	入学教育仪式	
	初一年级	换戴大号红领巾仪式	
	初二年级	十四岁生日青春仪式	
	初三年级	毕业典礼	
班级	单元课程	班级整合一天三操、课间、午休、午餐、执勤卫生、班会、午会等常规工作，让每一项学生活动成为行为规范教育载体，形成班级单元课程，发挥其育人功能。	

3. 行规教育实施平台

班级单元课程行规教育平台。班级单元行规教育课程是我校以班级为主体，与学生日常的学习生活相结合的行规教育阶段性微课程。班主任聚焦班级学生行规突出问题，确定本班级行规教育的阶段性主题，并设计教育过程，在一个时间段内，整合十分钟队会、班会、班级环境布置等各种教育途径，通过“计划与总结”“教案与活动设计”“评价量规”“学生个案”“活动剪影”“特色建设”等模块，开展行规教育实施育德升华。

举例：班主任 A 老师发现近阶段班级卫生存在问题。于是，就确定“从班级卫生，看……”的单元主题教育课程。聚焦卫生问题，制定单元教育计划，发动学生和任课教师共同参与，通过统一认识、指导技能、检查评价、责任升华等一系列教育活动，集中一个月内，班会与午会教育、课间与课内卫生习惯、值日生的午扫和放学值日等教育渠道，形成卫生教育的单元课程活动。

仪式教育行规教育平台。行规教育不仅贯穿于学生日常的学习与生活全过程，在实践中训练强化，还将行规融合于主题教育活动，在各种主题教育、仪式教育活动中训练行规，展现学生的风采，培育未来公民的行为素养(表4-3)。

表4-3　仪式教育与行为规范训练一览表

仪式名称	时间	目标	对象
升旗仪式	每周一	根据一周节庆及学生行规情况确定不同主题，结合实际问题及时进行日常行为规范养成教育。	全校学生
运动会、艺术节、读书节、科技节、节庆主题活动、心理活动月开闭幕仪式	每学年定时举行	通过收集、汇总学校大型常规活动过程中学生的行为规范情况，结合各年级行规教育侧重点进行有针对性的反馈与评比。	全校学生
新生入学仪式	8月或9月	通过队列训练、入学教育、家长培训等活动，帮助预备新生适应初中学习、生活，养成良好的基本行为规范。	预备年级
换大红领巾仪式	11月	通过仪式感受成长，在学习生活中实践主动学习，亲近友爱同学，分工合作，以行动为集体增光。	初一年级
十四岁生日仪式	5月	通过团队活动、入团仪式、读家长信等活动感受责任的重要，青春的意义，理解父母的养育之恩，从而懂得责任与感恩。	初二年级
毕业典礼	6月或7月	通过回顾阶段学业历程，展望新的学习生活，向母校、老师表达感激之情，激励毕业生不忘母校优良传统，树立远大理想，将回馈祖国，回报社会落实于实际行动中。	初三年级

第二节　构建"五育融合"的综合德育活动

"五育并举"不是将各育进行简单叠加，而是在"五育"相互关联层面，全面思考，并以"融合"的思维整体设计实施路径。我们通过综合德育活动，构建了学校"五育融合"

的实施方式。

1. 综合德育活动主要类型

中小学综合德育活动是学生体验和践履民族精神，培育和践行社会主义核心价值观的重要途径。学校根据相关要求，遵循学生年龄阶段、身心特点与品德发展规律，有序地开展综合德育活动，形成了鞍山实验中学综合德育活动序列(表 4-4)。

表 4-4　鞍山实验中学综合德育活动序列

类型	名　　称
1. 主题班会	(1)青春营系列活动；(2)未成年人法治教育活动；(3)无烟日宣传活动；
2. 传统节庆活动	春节、元宵、清明、端午、中秋、重阳等中华传统美德教育实践活动
3. 重大纪念日活动	(1)雷锋活动；“建党节、建军节”“抗战胜利”等国家重大纪念日教育系列活动；(2)五四青年节活动；(3)“带着国旗去旅行”等国庆教育实践系列活动；(4)教师节庆祝活动；(5)五一劳动节庆祝活动；(6)六一儿童节庆祝活动；(7)元旦迎新活动；
4. 仪式教育	(1)各类主题升旗仪式；(2)新团员入团宣誓仪式；(3)换戴大红领巾仪式；(4)初三毕业典礼暨离队仪式；(5)十四岁集体生日仪式；
5. 团、队活动	(1)少先队代表大会；(2)少年团校活动；
6. 校园文化活动	(1)书香校园读书节活动；(2)艺术节活动；(3)科技节活动；(4)体育周(运动会)；(5)心理月；(6)各级各类优秀集体、个人评选表彰宣传活动；(7)国际交流活动；
7. 社团活动	社团节
8. 社会实践活动	(1)红色基地寻访活动；(2)校园值周；(3)春、秋季社会实践活动；(4)职业体验活动；(5)交通小卫士志愿服务活动；(6)社区志愿者服务活动。

2. 综合德育活动与德育目标配置表

将德育目标进行分解，进一步与德育活动进行对照，形成综合德育活动与德育目标配置表(表 4-5)。

表 4-5　综合德育活动与德育目标配置关系

序号	二级德育目标/综合德育活动	政治认同				国家意识				文化自信				公民人格			
		党的领导	政治制度	科学理论	发展道路	国家利益	国情观念	民族团结	国际视野	国家语言	历史文化	革命传统	时代精神	健康身心	守法诚信	自由平等	自强合作
1	青春营系列活动	●			●				●				●	●	●	●	●
1	未成年人法治教育活动													●	●		

续　表

序号	二级德育目标/综合德育活动	政治认同				国家意识				文化自信				公民人格			
		党的领导	政治制度	科学理论	发展道路	国家利益	国情观念	民族团结	国际视野	国家语言	历史文化	革命传统	时代精神	健康身心	守法诚信	自由平等	自强合作
1	无烟日宣传活动						●							●	●		
2	春节、元宵、清明、端午、中秋、重阳等中华传统美德教育实践活动					●					●						
3	“带着国旗去旅行”等国庆教育实践系列活动	●			●	●	●	●			●	●	●				
3	教师节庆祝活动										●			●			
3	元旦迎新活动										●		●	●			
3	五一劳动节庆祝活动	●					●				●	●		●		●	
3	六一儿童节庆祝活动	●										●		●			
3	学雷锋活动											●		●			●
3	“建党节、建军节”“抗战胜利”等国家重大纪念日教育系列活动	●				●	●	●			●	●					
3	五四青年节活动	●		●	●		●		●		●	●	●			●	
4	各类主题升旗仪式	●	●			●	●		●		●		●		●	●	
4	新团员入团宣誓仪式	●											●	●	●		
4	换戴大红领巾仪式	●		●			●				●		●	●			●
4	初三毕业典礼暨离队仪式						●						●	●		●	●
4	十四岁集体生日仪式	●											●				●
5	少先队代表大会	●	●											●		●	●
5	少年团校活动	●	●	●								●	●	●			
6	书香校园读书节活动								●	●	●						
6	艺术节活动										●		●	●			
6	科技节活动								●				●				●
6	体育周(运动会)													●			●
6	大手牵小手系列活动							●							●		●
6	各级各类优秀集体、优秀个人评选表彰宣传活动												●	●			●
6	国际交流活动					●			●				●				

续 表

序号	二级德育目标/综合德育活动	政治认同				国家意识				文化自信				公民人格			
		党的领导	政治制度	科学理论	发展道路	国家利益	国情观念	民族团结	国际视野	国家语言	历史文化	革命传统	时代精神	健康身心	守法诚信	自由平等	自强合作
7	社团节												●				●
8	红色基地寻访活动	●			●						●	●	●				
8	心理月					●			●	●			●	●	●	●	●
8	春、秋季社会实践活动					●					●	●		●	●		●
8	职业体验活动				●		●						●				●
8	交通小卫士志愿服务活动												●		●	●	
8	社区志愿者服务活动						●						●				●

3. 构建社会实践课程群

我们把学生社会实践活动分为社会考察、公益劳动、职业体验、安全实训等方面。社会考察(136 课时)，包括到爱国主义教育基地、各类场馆、农业基地和自然保护区等资源单位进行考察、调查、探究和研学实践等。公益劳动(80 课时)，包括参加校园值周、班级值日和校园志愿岗及校园周边社区的公益劳动。职业体验(32 课时)，包括到职业院校等场所参观、学习、体验等。安全实训(24 课时)，包括参加学校开展火灾、地震、暴力入侵、校车等突发事件逃生演练，在学校公共安全教育体验教室、区域公共安全教育体验中心、市级公共安全教育场馆等场所开展实训体验。具体社会实践活动课程安排(表 4 - 6)。

表 4 - 6　鞍山实验中学学生社会实践活动课程

<table>
<tr><th>模块</th><th>内容</th><th>实施阶段</th><th>实施形式</th><th>课时</th><th>成果形式</th><th>实施频次(时间)</th><th>实施年级</th><th>涉及学科</th><th>主要负责</th><th>完成形式(课时)</th><th>总课时</th></tr>
<tr><td rowspan="3">社会考察136</td><td rowspan="3">春秋社会实践</td><td>前期教育</td><td>班队会</td><td>1</td><td rowspan="3">任务单</td><td rowspan="3">每学期 1 次(期中考试后一周)</td><td rowspan="3">6/7/8/9</td><td rowspan="3">道德与法治;历史;地理;生命科学</td><td rowspan="3">德育处</td><td rowspan="3">学校组织(80)[请假]有记录、可补学校带队 3—5 人。</td><td rowspan="3">155(余量 19)</td></tr>
<tr><td>活动开展</td><td>集体活动</td><td>8</td></tr>
<tr><td>总结评价</td><td>班队会</td><td>1</td></tr>
</table>

续 表

模块	内容	实施阶段	实施形式	课时	成果形式	实施频次(时间)	实施年级	涉及学科	主要负责	完成形式(课时)	总课时
	人文行走	前期教育	班队会	1	电子小报	每学期1次(寒暑假)	6/7/8	道德与法治;历史;地理	班主任(学科教师)	在校期间寒暑假完成2次(20)	
		活动开展	班级家庭	8							
		总结评价	班队会	1							
	团队员参观实践活动	前期教育	培训课	1	小报或感想	团队员1次	8	道德与法治;历史	团队	团队员(6)	
		活动开展	参观考察	4							
		总结评价	感想交流	1							
	年级仪式活动	入学教育	年级活动	16	仪式活动记录手册(校本)	初中阶段1次	6	道德与法治;心理	德育处团队年级组	学校组织(41)	
		换大红领巾	年级活动	2			7				
		14岁生日	年级活动	18			8				
		毕业典礼	年级活动	5			9				
	学生干部考察培训	活动实施	团队活动	8	活动记录	四年1～2次	6/7/8		德育处团队	学生干部(8)	
	备注：其中每个初中学生在初中阶段至少有1次进入爱国主义教育基地考察学习的经历。										

模块	内容	实施阶段	实施形式	课时	成果形式	实施频次(时间)	实施年级	涉及学科	主要负责	完成形式(课时)	总课时
公益劳动80	交通卫士(校本特色)	前期培训	培训课	1	活动记录及感想	每学期4次(每月1次)	7/8	道德与法治	团队	自愿,学校审核1学期1轮(6)	90(余量10)
		活动实施	公益劳动	4							

续 表

模块	内容	实施阶段	实施形式	课时	成果形式	实施频次（时间）	实施年级	涉及学科	主要负责	完成形式（课时）	总课时
		总结评价	表彰交流	1							
	社区服务	活动实施	假日小队活动	8	活动记录反馈表	每学期1次（寒暑假）	6/7/8	道德与法治；生命科学；艺术类	团队班主任	在校期间寒暑假完成2次(16)	
	校公益劳动岗位	前期培训	培训课	1	活动记录及评价	每学期12次（每周1次）	6/7/8	音乐；美术；劳技；信息技术；专用教室	团队	自愿，学校审核1学期1轮(14)	
		活动实施	公益劳动	12							
		总结评价	表彰交流	1							
	校周执勤岗	工作开展	一周学校执勤	2.5	执勤表	每学期1次	6/7/8/9		团队	学校组织每学期1轮(40)	
	班级公益劳动岗位	前期培训	培训课	1	班级记录评价	每学期12次（每周1次）	6/7/8/9		班主任	自愿，班级审核1学期1轮(14)	
		活动实施	公益劳动	1＊12							
		总结评价	表彰交流	1							
	备注：每个初中学生在初中阶段至少有3个劳动岗位的经历。										

模块	内容	实施阶段	实施形式	课时	成果形式	实施频次（时间）	实施年级	涉及学科	主要负责	完成形式（课时）	总课时
职业体验32	职业认知、体验、实践主题活动【消防馆】	认识劳动	主题班队会、参观体验活动	1＊2	班队会记录	每学期1次	6	道德与法治	班主任；学科教师	年级组织开展(8)	40（余量8）
		了解职业角色		1＊2			7	社会			
		培养职业兴趣		1＊2			8	社会			
		生涯规划		1＊2			9	道德与法治			

续 表

模块	内容	实施阶段	实施形式	课时	成果形式	实施频次(时间)	实施年级	涉及学科	主要负责	完成形式(课时)	总课时
	学科职业认知、实践活动	农业	学科拓展实践	4	学科教案	在校期间1次	7	地理	地理老师	学校组织学习(8)	
		职业变更	学科拓展实践	2	学科教案		8	社会	社会老师		
		敬业精神	学科拓展实践	2	学科教案		9	道德与法治	道法老师		
	校外实践活动	活动实施	职业场所及院校参观、体验	8	任务单	每学期1次(寒暑假)	6/7/8/9	/	家长班主任	在校期间3次(24)	

模块	内容	实施阶段	实施形式	课时	成果形式	实施频次(时间)	实施年级	涉及学科	主要负责	完成形式(课时)	总课时
安全实训24	安全教育	主题升旗仪式	升旗仪式	1	仪式记录	每学期1次	6/7/8/9	体育;卫生	团队	学校组织学习(18.5)	48(余量24)
		大型活动及节假日前安全教育	校班会	1	校班会记录	每学期至少2次	6/7/8/9		德育处		
		法治安全教育月,教育周	十分钟队会	0.25	十分钟队会记录表	每学期1次	6/7/8		班主任		
		食品安全	卫生广播	0.25*6	教案	每学期六次(双周周一中午1次)	6/7/8		卫生老师		
	紧急疏散演练	演练活动	演练实施及点评	0.5	方案、视频、照片	每学期1次	6/7/8/9	民防	综合治理;民防	学校组织演练(8)	
	禁毒参观	参观禁毒馆	参观活动	4	参观记录	在校期间1次	6		综合治理	学校组织参观(6)	

续表

模块	内容	实施阶段	实施形式	课时	成果形式	实施频次（时间）	实施年级	涉及学科	主要负责	完成形式（课时）	总课时
	东方绿洲实训基地活动	实训活动	参观及体验	8	活动方案	在校期间1次	7	民防	综合治理；民防	学校组织实训(8)	
	户外运动生存技能实训及比赛	培训阶段	培训演练课	4	培训资料及记录	部分学生在校期间1次	8	体育、生理卫生、劳动技能	德育处；综合治理；相关学科教师	学校组织进行(8)	
		竞赛阶段	竞赛	4	比赛过程记录				德育处；综合治理		

综合实践课程以社会考察、探究学习、职业体验等综合实践活动为路径，将课程学习与真实生活情境相结合，突出德智体美劳五育融合，引导学生践行社会主义核心价值观，弘扬中华优秀传统文化，增强社会责任感，培养创新精神和实践能力。

(1) 课程设置

一个突出，即突出实践、活动、体验，兼用必须的讲授与分享。两个视角，即学校操作视角和学生家长理解视角。学校操作视角，让所有参与者明确什么时候开展什么活动、多久开展一次、怎么开展、需要留下哪些依据。家长视角，综合实践课程的实施需要家长做哪些协助帮助孩子完成，具体明确做什么，什么时候做，做的时候需要注意什么等。三个结合，即结合学校日常的德育特色活动；结合市、区、社区基地及场馆活动资源；结合各学科的实践活动。

社会实践内容可以是参观、访问、考察、调查等，也可以是进行政治和经济活动，如政策宣传、政策调研、义卖、形象设计、活动策划等；社区服务可以是公益劳动、助残帮困、低年级学生的辅导、管理服务（如图书馆、政府机构、绿化场所、养老院、社区或城市大型运动会等）。

(2) 活动实施

自主开展的活动，必须先联系好实践点，制定活动计划，报告班主任或指导教师、家长。活动前进行针对性的安全、法制、礼仪教育指导，学习小组角色分配和任务安排等。

学生必须按计划进行活动，接受实践地或服务地负责人的领导，班主任和指导老师、家长要陪伴并随时关注活动的正常开展。在活动中组长要协调好小组成员及各方面的关系，各成员要发挥团队精神，相互协作，确保活动的顺利进行。校外社会实践活动应重视过程记录。志愿者活动、人文行走活动、职业达人体验活动都可使用校本仪式教育手册做记录，其他校外社会实践活动，学校设计相应任务单，以供学生记录过程及感想。

(3) 课程评价

评价流程为，活动申报—教师审核—课程部认定—平台公示—问题处理—学时认定。经教师认定的社会实践活动，可以通过平台提交课程评价申请；课程评价申请由指导老师审核确认后，提交学校课程部认定，再上传平台公示；公示存在问题，由课程部进行课程查证处理，公示通过后即可赋予学分。

重视参与性，必须是自己参与的社会实践活动才能获得相应学时；关注过程性，注重参与社会实践的态度与过程，淡化结果；严格真实性，校内统一组织的活动由相关部门提供证明，部分校外社会实践需由实践地或服务社区负责人签字盖章证明；强调规范性，学时的认定严格遵循评定流程及原则。

每学期结业式安排社会实践活动交流表彰；班级组织相应的总结交流活动，形式由班级自定，可以是主题班会、班级网页、墙报展览等。

案例："校运会入场式"德育课程的实践探索

（执笔　丁芸）

一、场景回放：别开生面校运会入场式

当一个个身着艳丽民族服装的班级，神采奕奕地根据民族特有的音乐节拍欢快地向主席台走来，然后把自己班级所代表的民族特色或通过表演或通过道具一一呈现之时，引起了与会嘉宾兼评委的高度关注，他们感叹教师和学生的智慧是如此之奇妙，他们惊叹课程育人的力量是如此之巨大，他们赞叹创新教育的落脚点是如此之绝妙。被邀请的家长志愿者，他们忙不迭地按下手机拍照的快门，立刻转发到了朋友圈里与朋友们一起分享自家孩子的快乐体验和课程收获。被邀请的集团学校德育主任和体育老师在入场式结束后纷纷询问：如何开发这样的课程？能否实现资源共享？精彩纷呈的校运会入场式获得了巨大的成功，深受嘉宾和师生的欢迎，主题探究课程的实践对

改变学校“德育、体育两张皮”的传统育人方法很有启发,值得思考。

二、问题导向:主题探究课程让师生迸发活力

问题1:如何为年复一年的校运会赋值

学校每年都会举行许多大型的校运会,也少不了入场式的表演评比。班级总是挑选几个有特长的学生进行表演,大部分同学只是走队列,加上后面进行的田径赛,校运会成了班级中几个运动积极分子的个人秀。校运会对于班中大多数同学来说,似乎成了走走过场、可有可无的“鸡肋”教育。

问题2:如何统筹学校资源创新体育活动

通过与不少班主任的交流了解到开幕式的表演任务是通过班主任带领班级学生进行实施的。班主任总体感觉到没有活动开展的思路,育人效果不明显;没有资源;也没有时间排练,只能利用放学后的时间;并且自己在体育、美育等方面也不是样样精通,缺乏专业的指导帮助。因此,每年校运动会的开幕式班级表演虽然热热闹闹,但是总体上缺乏教育主题,缺乏青少年应有的精神面貌,入场式表演一年年也是在原地打转,重复,难以培养学生的创新精神。

问题3:如何将常规教育平台转化为“五育融合”的实施渠道

学校开设了众多拓展探究课,不少课程的学习成果缺乏展示的平台。特别是“五育融合”已经成为一种教育理念,但是缺少实施的载体与渠道,更多的是各种活动的叠加。我们以“校运会入场式”为载体,将体育活动、智育活动和德育活动有机融合,把三类课程整合起来,开发“校运会入场式”主题探究课程。

最近两年学校运动会为“鞍山实验中学民族运动会”和“鞍山实验中学奥林匹克运动会”,校运会的主旨定格为“民族特色展风采,团结向上共拼搏”和“尊重包容、团结合作、拼搏奋进”,旨在突出民族和国际团结协作、积极向上和勇于拼搏的价值引领。

三、精细德育:倾力推进“四段式”模式实施探究课程

所谓“四段式”模式,即探究课程的实施分四个阶段进行,分别是启动-探究-展示-评价阶段。

(一)启动阶段

1. 顶层设计,统整诸育

学校建构全新的“校运会入场式”主题探究课程,以整合体育、美育和智育等诸育

提升育人效能作为课程目标，让该课程成为提升学生综合素养的重要抓手，实践新型的多水平、多层次、多方向和多维度育人课程。

(1) 课程主题的选择性。“民族运动会”的主题是“中华民族”，各班可在56个中华民族中任选其一实施探究课程。“奥林匹克运动会”的主题是“全世界国家”，各班可在200多个国家中任选其一实施探究课程。为避免所选主题重复出现，德育处为各班提供申报两个主题，以扩大选题范围和班级协调。

(2) 课程目标的教育性。在各个班级师生共同选定主题后，对相关学科教师发出邀请，共同对该民族或者国家的政治、人口、历史、文化、科技、地理环境和特色等方面进行探究式学习，形成对民族或者国家的进一步认识，培养民族情感和国际理解的情怀。

2. 统一思想，立德树人

班主任队伍是一支由各个学科组成的德育队伍，他们对校运会入场式主题探究学习是否具备思想准备和指导能力是课程有效实施的关键。因此，需要先抓班主任队伍的思想建设，以学校德育工作领导小组成员(全体校级领导、德育主任、教导主任和年级组长)为主，带头研讨，围绕新的探究课程实施所需要的条件进行集体备课，统一思想，集体提高认识，反复论证操作的可行性，然后统一分工，由小组成员分头面对面、点对点地和学校优秀的骨干班主任老师做好思想务虚工作，通过口口相传，把骨干班主任这支核心队伍的思想统一起来，并对课程执行方案听取意见，最后，通过班主任会议动员、宣传和具体的工作布置，老师们对主题探究课程似乎都有了一定的意愿和尝试课程的期待，通过一个学期的努力，广大班主任都很愿意为了学生的进步、成长和培育未来合格公民做有益的尝试。

3. 专题培训，提升能力

有了思想基础，如何落实德育主题探究课程就成了一个迫在眉睫的问题。初中班主任大多任教语文、数学和英语等中考考试学科，而对于探究课一筹莫展，我们开展了探究课教学专题讲座校本自培模式，在班主任会议上统一培训。培训分为两个维度，一是如何上探究课，二是如何上主题德育探究课。那么由谁来主讲呢？我们特别邀请了培训老师，我校的一位化学老师，她有着多年的探究课授课经验。在接到任务后，她感受到了课程建设教师校本自培的重要性，于是她利用一年的暑假作了充分的准备。开学后，她把她的备课在德育工作领导小组成员中进行了说课，让小组成员模拟班主任老师，进行听课、磨课和修改，在集体的智慧指导下，班主任会议上的正式培训比较成功。她还为班主任老师提供了课程实施基本模板，使得班主任老师的畏难情绪得到了有效的缓解，困难也得到了专业的指导，这种校本自培为主的课程培训模式接地气，并受到了欢迎，前后历经大半年的时间，老师们的课程领导力得到了综合提升。

4. 主题申报，形成合力

德育处根据学校其他探究课程开设的申报框架，设计了入场式主题德育探究课申报表（见附件一），要求班主任围绕入场式主题德育探究课程的培养目标、教学计划、教学成果等几方面设计和思考，并主动邀约课程实施的合作者，如政治、地理、历史、艺术、体育等其他学科老师，绝大部分受邀老师非常乐意地加入到授课者的队伍中来了。人多力量大，人多智慧多。德育处也委托这些学科老师对各班的电子学习小报的专业知识进行把关和指导，以保证电子学习小报知识的正确性。

（二）探究阶段

1. 探究教学，重视成果

各个班级的授课老师围绕申报表中的培育目标和授课计划，分步骤进行教学，一般分为 3 到 4 个课时。在开学初，9 月份一个月的时间里，利用学校班会课的时间来实施课程。

课时安排	教学内容	探究重点
第一课时	老师们先向学生介绍主题式德育探究课程教学目标，然后学生们在老师们的组织协调下，一个班级分成 4 到 6 个小组，每组 4 到 6 人，确定小组分工，选择所代表的民族或国家。	教师指导学生收集信息并进行加工；教师组织学生分组，明确各自分工任务。
第二课时	通过小组交流，选择确定最适合本班进一步学习和入场式展示的主题，由老师们分工，要求各小组分别对该民族或该国家的人文、科技、地理环境、风俗传统和特色亮点等进行学习探究，各小组进一步整理材料，并制作课件，准备班级交流。	小组讨论解决寻求问题的途径，并做好发现问题，质疑其他小组的准备，充分实践合作学习之乐趣，更加全面、更加深刻地理解知识。
第三课时	各小组进行探究性学习成果的交流，其他小组质疑，互相评价，班级进行汇总，在优质的小组成果的基础上进行完善，老师们再次分工，各小组完成校级要求展示的学习电子小报、课件和入场式手举班牌，以及入场式展示的具体方案，如服装、道具、音乐、解说词、口号和队列变化等。	入场式展示着力培养创新精神，从无到有，从有到优，从优到特，学着沟通、合作。
第四课时	初步制定展示方案，为下一步排练做好准备。	

2. 排练备赛，整合资源

各个班级在10月份就进入课程的后续阶段——排练入场式。各个班级各显神通，调动各方教育资源，有的班主任借助现代信息资源，找来相关大型运动会，如奥运会、全运会入场式的精彩画面或者少数民族、其他国家有特色的文俗舞蹈精彩视频，反复观看模仿；有的班主任利用校内资源，动员音乐、体育、艺术老师帮助进行专业排练；有的班主任充分利用班中家长的优势，同时也给家长提供一个服务学校、支援学校课程的平台和机会，努力做到在短短的1分半钟(90秒)内把这个民族的精、气、神原汁原味、惟妙惟肖地表现出来。有的班级为了更好地把民族文化得以呈现，还为表演的学生统一订购民族服装，由班级学生负责为自己班级同学比量服装尺寸，并进行统计之后上网下单购买；还有不善表演的同学，作为群众演员的他们也有任务，帮助老师们把训练过程全程拍摄下来，供主要演员学生研究改进。入场式不再是班主任一个人的活儿，也不是几个体育积极分子的个人秀，在学校的引领下，班主任善于开发育人资源，共同提升课程实施效力。

(三) 展示阶段

1. 电子学习小报展示

各班在完成探究课程之后，以班级为单位，上交一份电子学习小报，集中进行校级展示，把主题探究课程学习的成果扩大，营造一种浓厚的学习氛围。要求在授课老师的指导下，全班学生分工协作，每个人都要完成课程交给的任务，在此基础上，在班级内部进行评选，然后在优秀作品中汲取他人的小报长处，再次完善。从小报的排版、内容和美化加以提升，最后要求署上设计者的班级和姓名。电子学习小报满足了学生的学习和展示的欲望，更培养学生发现问题、解决问题的能力，也丰富了学生的知识结构和阅历，让更多不擅长田径比赛的同学得到了很多收获。在各班上交作品之后，德育处组织相关学科老师进行知识的专业把关，然后交由广告公司统一排版印刷，当最后的印刷品集中展示在学校大厅前，围观的同学络绎不绝，他们在欣赏画面的同时，更是挤破脑袋想要看看其他班级的主题学习成果，并以此来充实自己，提升自我，版面大小是有限的，但是交流是无限的，同时，这样的展示活动培育了中学生民族、国际大家庭的认同感，为他们将来走向世界打下了良好的人文情结，使他们充分认识到要竞争的同时进行合作，在合作的同时存在竞争。

2. 校运会入场式展示

各个班级对所学主题的学习成果进行展示，可以通过服装、文化风俗、传统食品、班级特色手举班牌等外显的形式在校运会入场式进行展演，参加评比。入场式展示收到了良好的效果，于是出现了本文开始的那一幕。通过主题探究课程的设计和实践，让体育和其他诸育之间形成合力。提升课程建设和教师个人的课程领导力，解决了当前学校普遍存在的“五育”叠加缺乏融合的状况。

(四) 评价阶段

当热闹的入场式散去，理性的总结和反思成为课程的重要部分，更是把这一德育探究课程引向深入，为学校其他课程的开发实施，提供一条互通有无、相互促进的必要途径。通过“学生座谈问卷——教师座谈——家长评价”为主线进行总结和反思，当校运会的闭幕式帷幕刚刚落下，学校就按照不同的方式召开了问卷调查、座谈会，并按照不同的对象，从学生代表、教师代表和家长代表层层推进。

1. 家长评价

学校设计了“家长反馈单”，收集家长的评价意见。通过家长反馈单了解到，家长们普遍认为主题入场式特色鲜明，新颖活泼。让民族情感和国际情怀从小扎根在学生的心田，符合社会、国家发展对人才的需求，特别是整场校运会结束后偌大的操场一张纸屑、一个空瓶子都没有见到，充分体现了学校对于群体体育活动“组织严密，管理合理，品德提升”的要求。

2. 教师评价

不少年轻的班主任在座谈时反映自己的心声，他们认为周围较为年长的班主任没有因为原有的教学任务和质量重担而轻视德育探究课程的实施。相反，他们在学校课程合理的设计和德育处适合的指导下，和学生们一起查资料、定主题、搞展示表演，忙得不亦乐乎，这种育德能力和劲头值得年轻一代的教师去继承和发扬。

3. 学生评价

各班学生代表也在座谈会上积极发言，他们谈了探究课程学习后的深切体会：国际理解，国家进步，社会繁荣，民族团结是非常重要的、非常有意义的，我们年轻一代一定会为了人类的进步贡献自己的力量。

激励机制的完善同样是课程进一步发展的保障。完善考评奖励机制，调动广大教师的积极性，为主题德育探究课程的实施提供保障。学校根据总体课程设置的经费补贴，对参与这一主题德育探究课程的老师进行工作量统计，让老师们劳有所得，体现课程实施者的劳动价值；同时对于入围前八名的班级予以活动费奖励，指导班主任合理利用这笔经费，奖励在主题德育探究课程学习过程和入场式排练展示过程中表现良好的学生；下一阶段学校还将对课程方案设计进行奖励，因为获奖比例总是有限的，对于在课程实施过程中，用心设计，严格执行课程标准，育人显著的老师同样要予以必要的重视和价值引领。

通过各种评价，我们也了解到课程实施的一些问题。比如，对于各个班级在入场式展示时的经济高投入、不够环保、不够节约等问题，出现了"经济投入大者得分高"的浪费作风之嫌，和艰苦朴素的作风不符，这也是学校课程建设下一步要思考和解决的问题。

四、取得实效:"构建适合的教育"成为师生成长的新引擎

(一)"适合的教育"是"适当"的教育

"构建适合的教育，成就师生的成长"是我校的办学理念。适合的教育一定是"适当"的教育，就是学校教育要符合学生的成长规律和认知规律；符合未来社会对人才核心素养的需求；符合学校的文化与教师的专业水平；符合每个学生个性发展的需求。我们期许的教育是每个生命都拥有成长的力量，拥有各自的价值。我们相信每个学生都有等待开发的潜能，学校的任务是为学生的健康成长、终身学习、走入社会打好基础，让每一个学生拥有成长的力量。我们相信每个老师都有育人潜能，教育是以生命润泽生命，以智慧启发智慧，教师以自己的生命与智慧构建"适合的教育"，成就学生，让每一个老师拥有成长的力量！

(二)"适合的教育"是"适人"的教育

"适合的教育"一定是"适人"的教育，一是要发挥教师的积极性，让师生成为课程建设的主体。我们充分挖掘我校办学策略——"教师课堂"的优势和资源，通过自培模式，培育了广大班主任执教主题德育探究课程的能力。特聘我校一位有多年探究课教学经验的老师作为主讲，帮助班主任了解了探究课的三维目标，学校德育处为这位教师班主任授予培训主讲教师证明，这位老师也因为实现了自己的价值而感到高兴。下一年我们在去年入场式比赛中取得校级荣誉的老师中挑选了一位年轻的班主任，让他作为一个课程实施较有成效的成功者，总结去年的心得，交流今年的新目标和打算，这贴近教师的需求，促进了教师的课程领导力专业进步。二是发挥学生的积极性，学生既是探究的主体，又是自我教育的主体，通过主题探究课程促进学生发展，是这一课程实施的最终目的。

(三)"适合的教育"是"适时"的教育

学校积极把握德育时机,提升德育实效。在不时听到班主任抱怨学校入场式没有新意,学生缺乏学习的积极性和动力,德育处认为这个就是对体育和诸育整合的最佳时机;学校作为一所市新优质学校,上海市课程领导力学校,课程建设前所未有地亟待建设和开发,德育处也认为这个就是把德育课程融入学校总课程的最佳时机;学校作为一所区域德育先进集体,班主任对于育人都有着专业成长的期待,德育处牢牢抓住这一时机,在教师课程领导力的"建""研"上下文章,取得了实效。

结束语

从校运会入场式无主题到在一定范围内自选主题,从入场式简单的排练到有计划有特色的训练,从个别几个同学参与到全班同学在主题德育探究课程下的分组讨论、协商,学校还有很多工作处于初步的探索阶段,一是对于学生在主题式德育探究课上的学习评价、学生学习成果集的制作汇总还有待进一步落实和提高。二是,以民族和国家为主题的主题式德育探究课已然有了初步的学习成果,学生在我校学习四年,根据学生座谈会的结果汇总,学生建议能够设置四个主题,比如以中国传统节庆文化为主题的探究,传承中国优秀的传统文化,或者以各行各业精英为主题的探究,通过现在学生欢迎的 cosplay 真人模仿秀进行展演,做到四年一个轮回,一轮更比一轮优,呈现螺旋上升发展趋势。三是,德育探究课作为学校课程建设的一部分,要不断加大建设,开发出更多学生欢迎的课程来帮助学生成长为全面发展的未来公民,来构建有生命力、有动态发展的课程体系,提升中小学生身心健康水平,增强创新实践能力,更好地适应城市现代化、国际化、信息化对人才的素质要求,具有重要意义。

第五章　实施适合认知规律的教学

“适合的教育”具体到教学就是以学习者为中心，适合学生的认知规律的教学。我们知道，不同的学习目标，学习者的学习认知过程是不一样的；不同的学习认知过程，学习者所需要的学习支持也是不一样的。教学遵循规律的关键是把握学习者的学习认知过程，我们通过基于“目标·认知·条件”分析系统的教学改进项目，探索适合的教学。

第一节　关于“教学”的基本理解

1. 教学活动的本质

“教学”是教师的教和学生的学所组成的一种人类特有的人才培养活动，包括教师教的行为和学生学的行为。其本质是，学生从现有的学习起点，经过系列学习认知活动，最终达成学习成果；教师基于学生的学习基础，为了学生的学习认知行为的有效发生，提供相应的学习支持，最终促进学习目标实现。

在这个过程中，如果教师教的行为没有为学生的学习提供有效支持，那么教学的效果就不会发生。教师的每一个行为都是为了学生的学习，教师的教是为了支持（引起、维持和促进）学生的学习，只有对学生的学习起到了支持作用，教学关系才能算真正发生（图 5－1）。

不同的学习认知过程，需要的学习支持是不一样的。要为学习者的学习提供有效的支持，就必须把握学习者的学习认知过程，这也是教学遵循规律的关键。学习目标、学习认知过程和学习支持条件，是互为影响、彼此适合，系统引导教学实践，构建适合的教学。

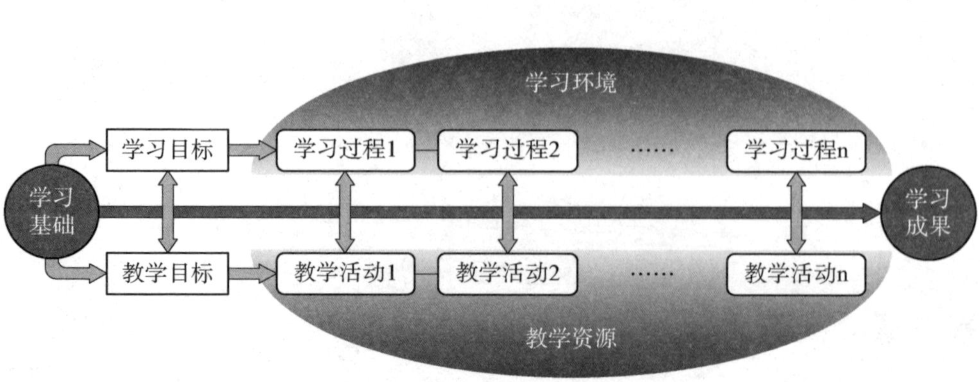

图 5－1　教与学系统

2. 关于教学的思考

听评课中常听说："这堂课教师讲得太多""这个环节要让学生自主探究""这个问题应该让学生讨论"……

那么，在课堂教学中，什么情况需要教师多讲，什么情况需要教师少讲，讲多少才不算多？什么情况需要让学生探究，什么情况需要让学生讨论？……

这些现象的背后隐含的问题是：

问题 1. 教学要遵循规律的"规律"是什么？

大家都说，教学要遵循规律。那么教学的规律是什么？怎么遵守？检索"教学规律"可以发现，教学规律基本是哲学取向，停留在宏观的理念层面，主要是方向性的引领，鲜少站在学生的立场深入到学习认知行为领域，这样的教学规律是不容易转化为教学行为的。

教学规律既需要从哲学层面进行价值引领，也需要从认知层面指导教学行为。也就是说，教学的规律存在于学生的学习认知过程中，不同学习目标的学习认知过程是不一样的。因此，只有切实把握具体学习目标的学习认知过程，才能遵循教学规律。

问题 2. 如何践行"以学习者为中心"的教学理念？

传统的教学流程，基本是从教材到备课、上课、作业、辅导、评价。在这个流程中，学习者总是隐藏在背后，学习认知行为更是被忽视。这是"学习者中心"的课程教学理念即使深入人心，却难以转化为教学行为的瓶颈所在。教学实践中，依然是"学科中心"（以学科逻辑设计教学），或者是"模式中心"（为套用某一教学模式的逻辑设计教学）。

进行学习认知过程分析，既是让学习者显现出来，撬动"学习者中心"的理念转化为行为的支点，也是把握学习者的学习认知过程，遵循教学规律的关键。

问题3. 基于学科核心素养的教学的"核心"是什么?

当前有一种倾向，基于核心素养的教学，就应该尽可能以探究式教学。其实，基于核心素养的教学并非就排除接受式教学。究竟以什么样的教学方式支持学生的学习，关键是学习者的学习认知需要。因此，基于学科核心素养的教学，需要分析学生的核心素养是如何发展的？根据不同素养的发展过程，以及所处的发展阶段，给予相应的发展（学习）支持。只有把握了具体学科素养的发展过程，才可以有效地开展基于学科核心素养的教学。

基于教学实践中的种种现象，及其背后的问题分析。我们认为，要有效地进行课堂教学改进，必须以把握学习者的学习认知过程为基础，而要把握学习者真实的学习认知过程，就需要准确地确定学习目标。为此，我们通过"目标·认知·条件"分析系统的教学设计与实践，以明晰的学习目标为基础，分析为实现学习目标，学习者需要的学习认知过程，然后为促进学生学习认知行为发生提供学习支持。

基于"目标·认知·条件"分析系统的教学改进的基本假设是：不同的学习目标，人的学习认知过程是不一样的；不同的学习认知过程，需要的学习支持是不一样的。

第二节　学习目标的确定

1. 为什么要划分学习类型

不同的学习目标，人的学习认知过程是不一样的。为此，我们需要对学习类型进行分析。只有准确分析学习类型，对学习目标进行分类，才能更好地把握学习者的学习认知过程。

布卢姆教育目标分类学理论，为我们分析学习类型提供了重要参考，从学习内容和学习水平两个维度对学习目标进行分析。按照学习内容分为三大领域——认知领域、情意领域、动作技能领域。在认知领域中，按照认知水平的复杂性将不同类别的目标由低到高分成记忆、理解、应用、综合、创造共5类。在情感领域中，按照情感行为的变化序列，分为接受、反应、价值判断、组织、形成品格。在动作技能领域中，按照行为复杂度来划分，分为感知、模仿整合、熟练、自动化、创作。具体内容见表5-1。

表 5-1 教育目标分类表

学习领域	认知过程(低→高)				
认知	记忆	理解	应用	综合	创造
情意	接受	反应	价值判断	组织	形成品格
动作技能	感知	模仿整合	熟练	自动化	创造

对学习目标分类,因不同需要有不同标准。我们对目标进行分类是为了分析学习认知行为的需要。其中,二期课改提出三维目标,即知识与技能、过程与方法、态度情感与价值观。这与认知领域、情感领域、动作领域有密切关系。知识主要属于认知领域;技能、方法主要属于认知领域的技能和动作领域的技能;态度情感与价值观,主要属于情感领域。

2. 学习类型划分原则

在教学实践中,对具体的学习领域进行划分,会遇到不少困难。人的学习过程是复杂的,学习活动很少会是单一的某个领域学习。例如,实验操作能力是认知与动作的高度融合,既是从认知领域对实验操作要领的理解把握,也是动作领域的技能操作实践。再如,书法艺术既包含对大自然的认知与情感,也包含动作技能的灵性表达。一般地,关于素养的发展,都会涉及多个领域的学习。当然,这并不是说,学习领域就不能划分,而是要抓住划分的目的。关于学习领域划分可以关注以下原则。

(1) 目的性原则

目标领域划分的目的是为了指导教学设计,促进教学改进。通过目标领域划分,便于运用分析工具进行对学习认知过程的分析,并根据学习认知过程(认知规律)分析,为学生的学习提供支持服务。

例如,七年级语文《紫藤萝瀑布》学习目标:通过品析花盛衰的转变和作者自身经历的关键语句,理解作者借寓在紫藤萝上的情思,体会作者托物言志的手法,认同热爱生命、积极乐观的人生态度。

讨论:这条目标包含了认知和情感两个领域的目标,为了深入分析目标达成的学习认知行为,需要对这条目标进一步细化分解。通过研讨确定,目标的侧重点落在认知领域的托物言志方法上,即作者如何将自己的经历与花结合,表达其蕴含的情感。然后根据认知领域的学习目标进行对学习认知行为的分析。

(2) 相对性原则

学习是一项综合活动,目标领域的划分是相对的。每一项学习活动,都会涉及认知领域、情感领域、动作领域,并且综合性目标本身就是认知、动作和情感有机融合而形成的素养。因此,学习领域划分是根据学习目标的侧重点,应当对其进行相对划分。

例如,八年级语文《钢铁是怎样炼成的》学习目标:通过归纳梳理《钢铁是怎样炼成的》主要情节,巩固并加深对核心情节人物形象的理解。

讨论:"对核心情节人物形象的理解"既有认知领域目标,也有情感领域目标,可以根据学习的实际确定相对侧重点。如果侧重认知领域,需要重点关注"归纳梳理"。如果侧重情感领域,则需要重点关注"人物形象的理解"。有相对的侧重点,但不是两者分离。

(3) 渐进性原则

从界限相对清晰的目标开始尝试所属领域划分,对于界限不够清晰的目标,可以先分解细化目标,将目标具体为便于进行学习领域划分的表述。一般来说,教学实践中的三个领域划分会有比较清晰的界限。但是,有些综合目标的领域划分可能会遇到困难,教研组可以聚集某一方面的目标进行实践探索,形成经验。

例如,初三物理《专题复习之测电阻实验与测小灯电功率实验》

表 5-2 学习目标修改样例

初始目标	目标分析	修改目标
归纳出测电阻与测小灯电功率实验的共同点和不同点。	属于认知领略的综合性目标	通过观察演示测电阻实验和测小灯电功率实验的电路连接过程,回忆正确连接电路时的注意事项及规范操作要求,比较并梳理出两实验的共同点和不同点。

3. 如何明晰学习目标

学习目标是指在学习活动中学生可能达成的最佳学习结果,或学习者在学习内容和水平方面发生的变化。

学习目标是教与学的核心,清晰的学习目标才能有效地引导教与学的行为。确定学习目标是一个复杂的问题,教师确定学习目标的依据是课程标准与学生的学情,即基于标准与学生。在教学实践中,教师确定学习目标的最大困难是如何将课程标准笼统的目标逐渐转化为具体的目标。可以从以下方法将学习目标具体化:

（1）通过明晰范围具体目标

学习目标是从学习领域和学习水平两个维度给予描述。明确学习目标首先需要考虑从学习内容范围对学习领域进行具体表述。

案例1，语文《紫藤萝瀑布》初定学习目标：品味描写紫藤萝的语句，分析作者对景物描写的方法。讨论中指出“景物描写的方法”比较笼统、范围太大，难以对学习者的学习起到有效的导向作用。需要通过范围具体化，才能准确表述。于是修改为：品味描写紫藤萝的语句，从描写内容、描写角度、描写顺序等方面分析作者景物描写的方法。

案例2，物理（九年级第二学期）专题复习《串联电路的故障分析》初定学习目标：“通过选择合适的器材，应用已获得的方法，体验自主解决问题的过程，尝试利用多种方法解决问题，熟练掌握判断串联电路故障的一般方法。”讨论时指出“合适的器材”“自主解决问题的过程”“多种方法解决问题”不够具体，表述模糊。于是修改为：“通过观察电压表和电流表的变化方向，分析串联电路故障发生的位置，讨论分析运用电压表和电流表判断串联电路故障的方法。”

（2）通过明确水平精确目标

学习目标是从学习领域和学习水平两个维度给予描述，不仅要从学习内容维度具体描述，还要从学习水平维度具体描述。

案例1，小王老师家访时，发现班级有同学与父母约定好的事，时有不能信守的现象。于是决定召开一次以“诚信”为主题的班会，初定目标为“培养诚信的价值观”。但是，价值观的发展是长期持续的过程，其发展的不同阶段需要的支持是不一样的。“培养诚信的价值观”的目标过于笼统，难以具体导向主题班会的设计与实施。因此，需要根据孩子的实际情况，从“诚信”的发展水平维度进一步具体。通过教师们的反复研讨，借助情感领域目标发展过程的参考工具表，形成对“诚信品格”发展过程的初步共识：①认同“诚信”的价值意义；②在场景中赞同选择诚信的行为；③在现实场景中愿意（自觉）选择诚信行为；④在有矛盾冲突实践中，能拒绝违背诚信的选择；⑤形成诚信的品格。根据班级学生的实际情况，主要处于第①②向第③④发展阶段，于是，确定主题班会的目标为：借助具体社会现象案例，交流分享对诚信意义的理解；通过模拟现实场景，体验诚信行为的感受；交流过去现实中，自己与诚信相违的行为表现，并坚信今后的行为选择。这种通过发展水平精确学习目标，对教学设计与实践的导向作用更为显现。

案例 2,关于《实验室制取 CO_2》有学习目标“培育实验态度和探究精神”。这是关于素养目标,这样描述的学习目标对学习缺乏指导性,也难以检测评估。它往往需要长期积累,而持续变化、逐步提高。在某节课或某单元要准确描述,是教师确定学习目标的普遍困难。经讨论修改目标为:结合制取二氧化碳的化学反应过程,对比物质种类、接触面积等条件的差异,分析生成气体速率不同的原因,培养自主解释化学事实与化学反应之间内在关系的思维习惯和能力。

(3) 借助学习过程聚焦目标

确定学习目标是一个复杂又困难的问题。特别是素养类的综合性目标,有时从学习领域和学习水平两个维度进行具体描述都很困难。我们还可以考虑与学习过程结合起来描述。

案例 1,初二数学《反比例函数》的学习,其中有学习目标“通过学习反比例函数,培养学生观察能力以及发现问题、解决问题的能力”。这条学习目标既难以检测,对学习也缺乏指导性,需要进一步具体化。但是,从学习领域和学习水平两个维度都难以进一步具体描述。这时可以考虑与学习过程结合起来,修改为:“通过观察实际问题中的数量关系,发现正反比例关系的特征,概括形成概念的过程,培养发现问题、解决问题的能力”。

案例 2,“三角形的中位线”学习目标“逐步提高的分析问题和解决问题的能力”。修改为:“通过观察、猜想、归纳和证明三角形中位线性质的过程,提高发现、分析和解决问题的能力”。

案例 3:“归纳出测电阻与测小灯电功率实验的共同点和不同点。”修改为:“通过观察演示实验,回忆注意事项及操作要求,比较并梳理出两实验的共同点和不同点。”

只有将相对笼统宽泛的课程标准目标转化为具体的学习目标,才能进行学习认知过程分析,准确具体的学习目标,才能有效地指导教与学。

第三节　学习认知行为分析

1. 什么是学习认知行为

“认知”是指人们获得学习结果的过程,包括感觉、知觉、记忆、思维、想象和语言等基本心理过程。认知主要是内隐的心理过程,但必然随着外显的学习行为而产生。或者说,学习者通过系列外显的学习行为,引发内隐的认知发生。

“学习认知行为”是指促进认知发生的外显学习行为。教学的核心是通过外显的学习行为，促进学习者内隐的认知发生。进行学习认知行为分析，把握真实的学习认知过程，是教学遵循认知规律的关键。

我们通过分析学习者的学习起点，基于学习起点和课程标准，确定预设的学习目标。然后，站在学习者立场，分析从“学习起点”到“学习目标”需要经历的学习认知过程和必须的学习认知行为。

受制于学习科学的发展，把握学习认知行为是教学设计最困难的环节。但是，如果教师对学生的学习认知过程不了解，就难以遵循学习认知规律。为此，我们依据学习理论和教学实践，研制不同目标类型的认知行为分析参考工具。借助“目标 · 认知”分析工具，确定目标属于什么领域？处于哪个水平？有哪些认知行为动词？然后，站在学生的视角，预设“自己”要达成学习目标所需要的主要学习认知行为(行为动词)。再根据确定的行为动词，表述学习认知过程。

2. 学习认知行为分析工具

(1) 认知领域的学习认知行为分析工具

认知领域按照认知水平的复杂性，将不同类别的目标由低到高分成记忆、理解、应用、综合4类。综合各种学习内容，根据不同维度的学习目标，研制可能需要的学习认知行为(表5-3)。

表5-3　认知领域的学习认知行为动词表

学习目标	认知行为参考动词
记忆	识别;再认(认读;跟读;认识;知晓;知道;了解;说出;复述;背诵;抄写;背记;朗读;书写;辨认;识别;选择;再认;列举;积累;熟悉;回忆;提取;感受;陈述;描述;指出;说明……)
理解	解释;举例;分类;总结;推断;比较;说明(感受;体验;领会;听懂;读懂;应答;获取;比较;质疑;判断;分析;辨别;列举;分类;选择;说明;阐明;区别;剖析;概括;归纳;演绎;梳理;推断;解释;叙述;提供;把……转换;改写;猜测;预测;估计;检索;收集;整理;感知;听辨;联想;想象;区分;理解;举例;体会……)
应用	执行;实施(说明;判断;选择;反思;撰写;会话;表达;描述;写出;重写;转换;推理;掌握;区分;归因;分解;整合;演绎;演示;组织;概括;运用;应用;使用;编辑;质疑;辩护;辨析;编配;设计;分析;完善;归纳;鉴赏;评价;联系;计算;改变;解释;解答;证明;利用;列举……)
综合	区分;组织;归属;核查;评判;生成;计划;贯彻(设计;探究;评价;整合;建构;赏析;辩论;重写;搜集;筛选;处理;制作;设计;解决;撰写;检验;拟定;计划;归纳;总结;提出;排列;组合;建立;形成;提炼、联想……)

(2) 情感领域的学习认知行为分析工具

情感领域按照情感行为的变化序列，分为接受、反应、价值判断、组织、形成品格。综合各种学习内容，根据不同维度的学习目标，研制可能需要的学习认知行为(表 5-4)。

表 5-4 情感领域的学习认知行为动词表

学习目标	认知行为参考动词
接受	觉察、听讲、注意、知道、愿意、选择、赞同……
反应	听从、陈述、列举、回答、默认、遵从、完成、选择、遵守、称赞、欢呼、表现……
评价	确认；接受、认可、承认、参加、完成、决定、影响、区别、解释、更喜爱、评价……
组织	相信、讨论、组织、判断、确定、选择、比较、定义、权衡、系统阐述、决定、信奉……
形成品格	改变、判断、拒绝、相信、解决、要求、抵制、显示、养成、建立、秉持、形成、塑造、涵养、展现、发展……

(3) 动作技能领域的学习认知行为分析工具

动作技能领域按照行为复杂度来划分，依次为感知、模仿、熟练、自动化。综合各种学习内容，根据不同维度的学习目标，研制可能需要的学习认知行为(表 5-5)。

表 5-5 动作技能领域的学习认知行为动词表

动作技能领域——学习目标与学习认知行为分析工具	
学习目标	认知行为参考动词
感知	感觉、辨认、观察、意向、听讲、观摩、观察、触摸、尝闻、指出、转换、联结……
模仿整合	预备、准备、预定、感知、模仿、协调、尝试、试错、练习、巩固……
熟练	机械化操作、准确操作、标准化、不假思索正确操作，纯熟、流畅操作、保持、调适、统整……
自动化	自动表现、调试、调整、解决、应变、适应、统合、统筹、设计、建构、制作、创作、独创……

3. 如何进行学习认知行为分析

通过学习认知行为分析，把握真正的学习认知过程，是教学遵循认知规律的关键所在，是教师专业发展的机会所在，也是教学改进的困难所在。我们只能迈着小步摸索前行，尝试接近真实的学习认知过程。

(1) 学生者视角

首先，放下自己的教师角色，将自己假设为需要完成给定学习目标的学生。然后基于学习者的学习起点和学习目标，预设达成学习目标可能需要哪些学习认知行为，以及需要得到的学习帮助。

（2）相对普遍

对于给定的学习目标，不同人的学习认知过程是有差异的。教学活动总是面向相对的群体，学习认知过程分析主要是针对教学的群体对象，相对群体学生共同性的学习认知过程。因为不同学生的学习有差异性，要绝对把握学习认知行为是很困难的，我们只能根据群体学生的学习共性，进行学习认知行为分析。正如在研修的时候，一位老师说"在真实课堂中100%的预设准确，大概率是不成立的，还需要教师的教学机制，能在教学过程中面对预设外的情况随机应变"。

（3）基本步骤

确定行为动词。首先，根据已经确定的学习目标，分析目标属于哪个学习领域，处于什么水平。然后，分析达成目标需要经历的学习认知行为，此时可以借助"目标·认知"分析工具，辨析筛选行为动词。学习认知行为分析，必须从学生的视角，预设"自己"要达成学习目标所需要的主要学习认知行为（行为动词）。

学习过程表述。根据确定的行为动词，表述学习认知过程。一般来说，行为动词的主语是学生（省略）。学习认知过程需要阐明需要做什么？应该怎么做？如"观察"，那么认知过程的句式应该表述观察什么，怎么观察。

例如，八年级数学《反比例函数》，根据学习目标，借助分析工具寻找可能的学习行为，根据行为动词描述学习认知过程（如下）：

表5-6　学习认知行为分析样例

学习目标	行为动词	学习认知过程
1. 通过实际问题，体会反比例关系，理解反比例关系和反比例函数的概念。	感受、体会；概括、归纳；判断、举例；	1.1 从实际问题感受两个变量之间的（反比例）关系，归纳两个变量之间的关系。 1.2 判断实际问题中的两个变量是否成反比例关系，列举成反比例关系的实际问题 1.3 概括形成反比例函数的概念。
2. 会用待定系数法求反比例函数解析式。	模仿、训练；	2.1 模仿待定系数求正比例函数的方法或直接模仿教师的示范；通过待定系数法求反比例函数解析式的训练，巩固待定系数法。
3. 提高观察实际问题，发现数量关系特征，概括形成概念的能力。	观察、发现、归纳、表述、概括。	3.1 观察实际问题，发现实践问题中变量之间的关系，归纳为数学模型并予以表述，概括形成概念。

在明确了学习目标，准确把握学习认知过程后，就可以进一步分析，学习认知行为发生需要的学习支持。

第四节　学习支持条件分析

1. 什么是学习支持性条件

“学习支持性条件”是指有助于学生达成学习目标的各种辅助条件。支持性条件可以有效加速认知过程，促进知识内化，为下一阶段学习目标的达成做准备。其类别广泛，包括学习资源、教学方式和学习环境等。

确定学习支持性条件，是以教师为视角，思考如何促进学生学习。即教师如何在学习者的最近发展区，为学习者的认知提供学习支持。包括：如何激发学生的学习？如何维持学生的学习？如何促进学生学习？

2. 如何设计学习支持性条件

引起学习：激发学生的学习动机，使学生想学或更想学。包括设计怎样的情境、问题、任务……

维持学习：保持学习兴趣，创设学习环境，不让学生的学习动机变低。包括如何组织课堂学习、讨论、交流？进行怎样的课堂积极性评价？设计怎样的问题链？……

促进学习：学生在教师指导下的学习比自学更好，获得增值。包括选择怎样的学习内容？如何引导学生思考？如何帮助学生将零散的过程、观点、方法形成序列？……

促进学习的支持，既要考虑为促进由教师的“教”到学生的“学习”提供支持，更要思考为促进从学生接受信息的“学”到加工信息的“学会”提供支持。其中，良好的师生关系是最重要的学习支持之一。

“适合的教育”体现在教学实践，就是教师提供的学习支持(学习资源、教学方式)与学习目标、学习者的学习认知过程彼此适合、动态调适的过程(图 5－2)。

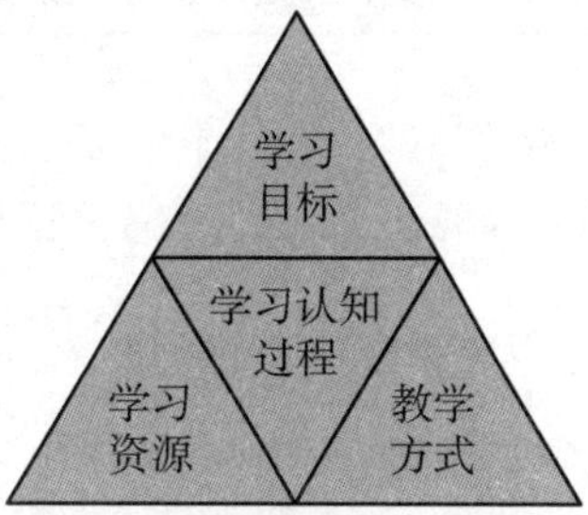

图 5－2　“目标・认知・条件”教学结构

案例 《诚信》"目标·认知·条件"分析系统

(1) 关于"诚信"词义理解

表 5-7 目标·认知·条件分析样例(诚信)

学习目标	认知过程	支持性条件
理解"诚信"的内涵与外延;会区分不同场景中的"诚信"表现;能列举"诚信"的故事。	主要认知行为有"查阅、复述、解释、辨析、列举"。复述"诚信"的内涵,用自己的语言解释"诚信"的理解,辨别有关事例中"诚信"表现,列举关于"诚信"的事例。	引起学生对"诚信"词义的关注;指导学生查阅"诚信"的内涵与外延(查字典或教师给出);组织学生复述(解释)词义;设计事例,让学生讨论辨析;组织学生列举"诚信"的事例。
说明:这是认知领域的目标,认知水平为"记忆-理解-应用"。需要的学习支持为:提供关于"诚信"的正确理解;辨识有关"诚信"的场景表现;讲述关于"诚信"的故事。		

(2) 关于"诚信"品格的培养

表 5-8 目标·认知·条件分析样例(诚信)

学习目标	认知过程	支持性条件
认同"诚信"的价值意义;在场景中赞同选择诚信行为的人;在现实场景中愿意(自觉)选择诚信行为。	主要学习认知行为有"赞同、称赞、选择、认可、养成"。赞同诚信的社会意义;认可(称赞)坚持诚信的行为;尝试诚信的行动实践,自觉选择诚信的行为。	列举关于诚信对社会积极意义的场景,促进对"诚信"的价值认同;设置现实环境,开展"诚信"行为实践锻炼;创设复杂情境,运用"诚信"的价值标准对特定的现象、行为或事物进行评判;激励强化坚守诚信的行为。
说明:养成"诚信"的品格,是情感领域的目标,情感发展的序列为"接受、反映、评价、组织、形成品格"。形成品格是需要长久持续的锻炼,不断巩固价值选择。		

第五节 基于"目标·认知·条件"分析系统的教学

1. 重构教学设计的基本路径

基于"目标·认知·条件"分析系统的教学设计,为促进"教教材""用教材教"转变为"以学定教"提供了实践路径。"教教材"即由教材内容(学习资源)确定教学方式。"用教材教"即由学习目标选择学习资源,然后确定教学方式。基于"目标·认知·条件"分析系统的教学,也就是基于学习者的学习基础和学习目标,分析可能需要经历的学习认知过程(学习认知行为),然后预设学习认知行为发生需要的学习支持(学习资源、教学方式)。所以,备课、上课、作业、辅导和评价,都是为了“目标·认知·条件”系统的有效运行(图 5-3)。

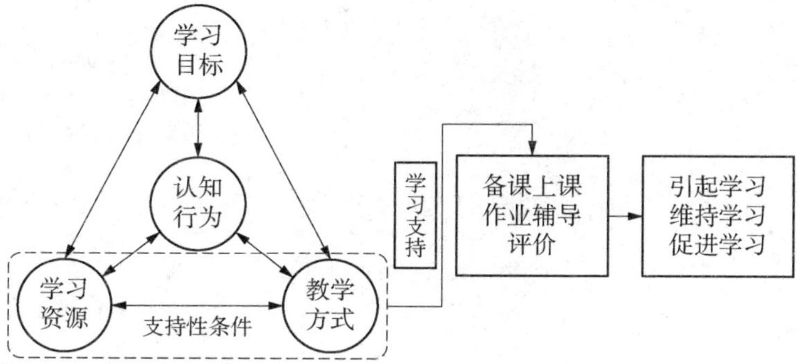

图 5-3 “目标·认知·条件”系统

案例 “圆的周长”“目标·认知·条件”分析系统

“圆的周长”是沪教版六年级上册“圆与扇形”的第一节课,本节课是在小学直观认识圆的基础上,知道圆的圆心、半径、直径,以及图形周长等概念。圆的周长是本章的重点内容之一,是进一步学习弧长的基础。“圆的周长”这节课蕴含“化曲为直”的数学思想,有一个在数学史上有非常重要意义的数学常数(圆周率)。

学生的学习基础是对圆有直观认识、知道周长的意义,会代入公式进行计算。于是,确定学习目标为:(1)通过实验测量,验证圆的周长 C 与直径 d 的数量关系,形成圆的周长公式;(2)在操作测量过程中,体验蕴含的“化曲为直”的数学思想方法,发展合作、交流的意识;(3)会运用圆的周长公式,给定圆的半径/直径求圆的周长,或给定圆的周长,求圆的半径/直径;(4)了解我国古代对圆周率研究的数学过程,渗透爱国主义思想。基于学习目标,进行“目标·认知·条件”分析如表 5-9:

基于“目标·认知·条件”分析系统,再进行教学设计,本节课的教学得到了老师们的高度赞同。

2. 基于“目标·认知·条件”分析系统的教学策略

我们习惯于依据教学目标和教学内容,选择教学方式进行教学设计。这种教学设计的逻辑,很难摆脱“学科逻辑”或“模式逻辑”的教学。

表 5－9　目标·认知·条件分析样例(圆的周长)

学习目标	认知过程	支持性条件
1.1 通过实验测量,验证圆的周长 C 与直径 d 的数量关系。 1.2 形成圆的周长公式。	1.1 探究：选择测量物品,设计测量直径与周长的方法;记录数据,并分析数据;检验数量关系。 1.2 分析数量关系,转换表达方式,总结形成圆的周长公式。	1.1 提出能激发实验验证的问题;建议准备待测量的物品：提示测量方法与数据记录方法;提出引导数据分析的问题。 1.2 分析数量关系,转换表达方式,总结形成圆的周长公式。
2.1 在操作测量过程中,体验蕴含的“化曲为直”的数学思想方法。	2.1 设计圆的周长测量,觉察与三角形、四边形周长测量的区别,体验“曲与直”的关系。	2.1 提出问题引导思考：由三角形或四边形周长的测量与计算,引出测量圆的周长测量与计算,渗透化曲为直。
2.2 发展合作、交流的意识。	2.2 讨论测量方法,承担组内测量验证的分工任务,交流共享组间测量结果。	2.2 设置组间不同测量物,指导测量实验的分工,组织组间结果交流;由多个小组通过不同圆的测量结果,验证圆的周长公式。
3 会运用圆的周长公式,给定圆的半径/直径求圆的周长,或给定圆的周长,求圆的半径/直径。	3.1 识别公式的要素,根据不同要素变换公式形式。 3.2 根据给定的条件,转换为公式的要素,并计算。 3.3 根据待求结果,转换为公式的要素,进行计算。	3.1 设计问题引导识别公式：圆的周长公式涉及圆的哪些要素? 3.2 设计已知直径求周长,已知半径求周长,已知周长求直径的练习。 3.3 设计需要进行图形分析的运用,设计实际背景的条件转换运用。
4 了解我国古代对圆周率研究的数学过程,渗透爱国主义思想。	4.1 自主阅读或听视频介绍,了解中外对圆周率研究的故事,赞同中国的研究。	4.1 选择一篇关于中外研究圆周率的故事的阅读资料(或视频)。

“适合的教学”对教学设计逻辑进行重构,突出学习认知行为,进行“目标·认知·条件”分析。首先依据课程标准与学生,确定学习目标,并对学习目标从学习内容和学习水平两个维度进行分类。然后,站在学习者的视角,根据学习目标分析学习者为达成学习目标需要经历的学习认知过程。最后,针对每一个学习认知行为,分析教师可以为学习者提供怎样的学习支持,并研发通用的分析模型,如关于数学概念“目标·认知·条件”分析模型(如表 5－10)。

表 5 - 10　关于概念理解的“目标・认知・条件”分析(例举)

学习目标 (以课标和学生为视角)	认知过程 (以学生为视角)	支持性条件 (以教师为视角)
理解……的概念,知道新概念与相邻概念之间的区别。	通过具体实例感知概念的存在;概括概念关键词,并复述概念;辨析新概念与相邻概念,并举例。	提出能引出概念的问题(如实例包含哪些共同属性);列举蕴含概念的实例,供学生比较、辨别;明确概念的内涵;组织相互复述;列举相近事例让学生辨析,有限定条件的举例。

基于“目标・认知・条件”系统的教学,是学习目标、支持性条件(学习环境、学习资源、教学方式)与学习者的学习认知过程彼此适合的教学。并不依赖于某一种学习理论,也不是通过选择一个“最好”的理论去实践,而是要理解不同学习理论(如:行为主义、认知主义、建构主义、社会认知等)的假设基础和适用的范畴,综合运用不同的学习观点,为学生在不同学习领域(认知领域、动作领域和情感领域)的学习提供适恰的学习支持。学习目标、学习认知行为和学习支持条件三者有交互性、适宜性和关键性的关系。

(1) 交互性策略。即学习目标、学习认知行为、学习支持条件三者交互作用。达成学习目标需要经历相应的学习认知过程,学习认知行为的发生需要有相应的学习资源与教学方式给予学习支持;适切的学习资源与教学方式会影响学习认知行为发生;学习认知行为的有效发生决定学习目标的达成度。

(2) 关键性策略。即学习认知行为是三者交互作用的关键。学习目标与学习支持条件是学习的客体,学习认知行为才是学习的主体。同时,学习支持条件只有服务于学习认知行为,学习认知行为的发生才能产出学习结果。

(3) 适宜性策略。即学习目标、学习认知行为、学习支持条件三者相互适合。教学方式与学习目标、学习认知过程相适宜;学习资源与学习目标、学习认知过程相适宜;教学方式、学习资源与学习认知行为相适宜。

课堂中,教师的教是为了促进学生学习结果的发生。学生的主要学习活动有接受(倾听、观看)、模仿(练习)、自学(阅读、思考)、讨论、探究。教师的教学活动:讲授、示范、指导、提问、引导等一系列活动。一般来说,教与学的关系有讲授—接收、示范—模仿、指导—自学、提问—讨论、引导—探究。

由此,讲授—接收主要是接受式学习,适合事实性知识的学习;示范—模仿主要依靠自主学习,适合程序性知识的学习;指导—自学、提问—讨论主要是自主学习与合作学习结合的先学后教;引导—探究主要是以项目式学习为主的学习方式,适合反省认知的形成(表 5－11)。根据目标·认知·条件基本关系确定教学方式,而不是套用某种教学方式。

表 5－11　目标·认知·条件基本关系

学习目标	教与学行为	教学方式
事实性知识的学习	讲授—接受	接受式学习
程序性知识的学习 动作领域的学习	示范—模仿	巴特勒的自主学习
反省认知的形成	引导—探究	探究式
情感领域的学习	情景—体验	情境性教学
学习资源完备、目标明确的学习	指导—自学 提问—讨论	自学辅导与合作学习结合的先学后教

案例 1　职初教师在学习目标设计的进步之路

(执笔人　朱芸)

一、案例背景

(一) 学习目标设计中存在的问题

1. 学习目标设计不够规范

学习目标作为教学的依据,决定了一节课的教学内容、活动、方法和形式等,是在备课时首要解决的问题。我作为新手教师,在学习目标的设计时,往往会出现措辞不够严谨、目标和认知过程混乱不清的现象,从而导致学习目标对教学环节的指导意义不强。

2. 对学习认知过程分析的意识不强

我们一直强调学生在学习过程中的主体性,但在备课时,我常会忽略这一点,思考的通常是我要运用什么方法,提出什么问题,设计什么环节能将教学目标达成,而没有真正从学生认知角度去分析,他们要经过怎样的过程,才能达成这样的学习目标。

(二) 解决方向

本案例试图阐释“目标·认知·条件”分析工具的运用在学习目标的设计和提高学生主体意识中起到的作用。

二、实践过程

（一）初始尝试——基于教材

《紫藤萝瀑布》是七下第五单元的课文，结合单元导语和文本的内容特点，我首先确定了这节课想要落实的教学点，初步设计本课的教学目标（第一版），内容如下：

1. 朗读描写紫藤萝的语句，注意语音轻重、长短的变化，从描写内容、角度、顺序入手，品味语句的表达效果。

2. 勾画表现作者情感思绪的语句，结合具体语境，比较前后情感的不同，思考情感变化的原因，从而理解作者的情感变化。

3. 理解作者借寓在紫藤萝上的情思，体会托物言志的手法，理解作者寄托的“志”，激发学生热爱生命、珍惜时光的情感。

（二）优化调整

1. 第一次修改——基于学生的认知过程

随着对“目标·认知·条件”分析工具的不断深入学习，我对目标、认知过程和提供的支持性条件也有了更清晰的区分性认识，同时也发现了我目标撰写中出现的混乱，错把学生的认知过程当成最终要落实的学习目标。通过进一步的检查和分析，我对学习目标进行了修改调整，设计出第二版学习目标。其中目标3调整较多，见下表：

第一版	第二版
理解作者借寓在紫藤萝上的情思，体会托物言志的手法，激发学生热爱生命、珍惜时光的情感。	通过品析关键语句，结合花的盛衰的转变和作者自身的经历，理解作者借寓在紫藤萝上的情思，体会作者托物言志的手法，同时建立热爱生命、珍惜时光的观念。

2. 第二次修改——基于学情

随后，我又发现自己在学习目标行为动词的选择上不够慎重，这反映出我错误预估了学习目标对应的层级水平。如第二版目标中“建立热爱生命、珍惜时光的观念”，这是属于情感领域的目标，而我选择了“建立”一词，则是对应到“形成品格”这一层级。这样的行为动词的选择，显然超出了这一节课要达成的目标水平，学生通过对作者情感变化的梳理和对其情志的理解，能达到的目标应为“认同”作者借紫藤萝所要表达的人生态度，通过一节课的学习就要“建立”同样的人生观似乎有些“言过其实”了。

因此，我对学习目标做出了更加细化的修改，斟酌字词，完成了第三版学习目标。修改后的学习目标不仅在层级水平的选择上更加贴合教学实际，也结合了其他老师的意见，将第二版的目标 1 和 2 做了融合和调整。因为学生无法仅通过朗读描写紫藤萝的句子就概括出紫藤萝的特点，这不符合学生现有的认知水平和过程。

为了对比清晰，我将学习目标以表格对比的形式呈现：

<table>
<tr><th>第二版</th><th>最终版</th></tr>
<tr><td>1. 通过朗读描写紫藤萝的语句，学会用比较语音轻重、句式长短的方法，总结紫藤萝的特点，体会作者对紫藤萝的情感。</td><td>1. 品味描写紫藤萝的语句，分析作者景物描写的方法，体会紫藤萝的特点。</td></tr>
<tr><td>2. 品味描写紫藤萝的语句，分析作者的描写内容、描写角度、描写顺序，领会作者景物描写的方法。</td><td>2. 通过勾画表现作者情感思绪的语句，结合具体语境和写作背景，比较前后情感的不同，分析情感变化的原因，从而理解作者的情感变化。</td></tr>
<tr><td>3. 通过勾画表现作者情感思绪的语句，结合具体语境和写作背景，比较前后情感的不同，分析情感变化的原因，从而理解作者的情感变化。</td><td rowspan="2">3. 通过朗读品析关键语句，结合花的衰与盛的转变和作者自身的经历，理解作者借寓在紫藤萝上的情思，体会作者托物言志的手法，同时认同热爱生命、积极乐观的人生态度。</td></tr>
<tr><td>4. 通过品析关键语句，结合花的衰与盛的转变和作者自身的经历，理解作者借寓在紫藤萝上的情思，体会作者托物言志的手法，同时建立热爱生命、珍惜时光的观念。</td></tr>
</table>

（三）教学实践

完成学习目标的设计和分析后，教学环节便跃然纸上。首先带领学生阅读单元导语，知晓本文托物言志的写作手法，明确本文所托之物为紫藤萝瀑布，并引导学生理解紫藤萝和瀑布之间的比喻关系。然后布置思考任务：作者笔下“眼前的紫藤萝”具有怎样的特点？请学生结合相关语句进行分析，体会作者写景的手法，并依托文本明确眼前的紫藤萝瀑布带给作者的感受。同时补充相应的背景资料，加深学生对作者情感的理解。承接上一教学环节，继续引导学生思考作者笔下“十多年前的紫藤萝”具有的特点和带给作者的感受，抓住文革这一特殊时期作者的遭遇，帮助学生理解作者的情感。最后，引导学生圈画文中作者对生命的感悟，抓住句中的关联词，引导学生补充语义，从而理解作者的感叹。

三、案例分析

在对学习目标进行不断调整和优化的过程中，我对“目标·认知·条件”分析工具对学习目标设计的作用有了进一步的理解。

（一）引导职初教师分析学生的认知过程，强化以生为本的教学理念

无论是设计学习目标，还是进行教学实践，都一直强调学生在学习中的主体性地位，反映在学习目标中就是行为动作的“主语”一定要是学生。这一教育理念已经成了老生常谈的问题，但职初教师在设计学习目标时仍然易出现失误。或者说，我们容易对“学生的主体地位”停留在较浅的认识层面，在进行教学设计时通常会不自觉地思考为了达成目标，作为教师的我需要设计怎样的问题，安排怎样的教学活动，而没有真正站在学生的立场，以他们已有认知和思考特点为基础，去分析他们要经历的认知过程，“以生为本”似乎成了空谈口号。

“目标·认知·条件”分析工具旨在引导教师，在确定了学习目标之后，要先基于学生的学习起点与学习目标，对学生达成学习目标所经历的认知过程进行细致分析，从而据此确定学生学习发生的必要条件和支持性条件，教师以此才能做好教学实践的准备，将学习认知过程与所需的支持性条件有机地组织起来，服务于学生认知过程，高效地实现学习目标。

在“目标·认知·条件”分析工具的引导下，我们职初教师会更有意识地代入学生的角色梳理他们可能的学习过程。如笔者设计的第一版目标 3 中“理解作者寄托的‘志’”其实是学生认知过程中的一个步骤，“体会托物言志的手法”才是最终想要达成的学习目标。再如：学生要想理解作者的人生感悟语句“花和人都会遇到各种何样的不幸，但生命的长河是无止境的”，他们可能首先要确定“花和人的不幸”在作者笔下分别指十多年前紫藤萝艰苦的生长环境、伶仃衰败的命运和作者弟弟遭受的疾病的痛楚、自己在文革期间的艰难生活。然后发现句子中的“但”前后承接的逻辑关系存在问题，从而补充出作者隐含的“不幸是有止境”的意思，最后明白作者是想呼吁我们珍惜时光，不要拘泥在短暂的不幸挫折中，积极向上地面对生活，实现价值。

有了这样的认知过程的分析，目标的设计和教学环节的设计就更加合理、高效。

（二）帮助职初教师确定目标领域和水平层级，选择恰当的行为动词

布卢姆的目标分类理论认为，学习目标可分为三大领域：认知领域、情感领域和动作技能领域，而每个目标领域又分为不同的层级。认知领域的基本目标分为：记忆（记忆/知道/识记）、理解、应用/运用、综合（分析/评价/创造），情感领域的基本目标分

为：注意/接受、反映、评价、组织、形成品格，动作领域的基本目标为分为：感知、定势、熟练、自动化。这些目标划分在“目标·认知·条件”分析工具中的“学习目标与学习认知过程分析参照表”中都可以快速检索到，极大地为我们职初教师学习目标的设计提供了理论依据和便利。我们可以参照工具，对想要达成的学习目标进行领域分类，并依据教材要求和学生的认知水平，确定好想要展开的教学“点”应该达到什么样的目标层级，在参照表中快速选择恰当的行为动词，从而形成规范化的目标。这其实就是在引导教师在进行目标设计时更加充分地考虑学情。

四、实践反思

在“目标·认知·条件”分析工具的作用下，我的教学设计虽然有了一定的改进，但仍然存在诸多不足。其中最大的问题还是对学情的把握不够充分，尤其是在情感的引导上忽略了学生由于生活经验的缺乏，对特殊时代背景的了解不足，他们很难设身处地感受作者的经历，与作者产生共鸣。我在这一方面处理不足，没能设置相应的情景展开引导，让学生真正从情感上理解作者的人生态度，反而使情感领域的目标达成流于表面。同时教学中对于文本的解析、情感的投入都不够充分，还有许多问题需要我在日后的教学中不断改进。作为一名职初教师，我真切地体会到“路漫漫其修远兮”，也更坚定了“吾将上下而求索”的信念。

案例2　初中语文《大道之行也》教学设计的调整与优化

——“目标·认知·条件”分析工具的运用

（执笔人　金逸斐）

一、案例背景

（一）问题提出

统编教材重视中华优秀传统文化的传承，注重落实语文课程的育人功能，所以在选文上增加了文言文的比重，本文所选择的案例《大道之行也》是八年级第二学期第六单元的课文，是对社会状态的描述，虽然篇幅短小，但逻辑清晰、层次严密，说理透彻，蕴含深意。

《大道之行也》若按照以往的教学模式进行教学，学生也可以理解文章的字、词、句、章的含义，但缺少主动思考与探究的过程，多以被动接受知识为主。日常文言文的教学存在窄化文言文教学价值，“言”“文”分离，重理解、轻体验等问题；往往具有以识记为主、理解为辅，思维深度层次较浅的倾向。

（二）教学困惑

那么，对于文言文的日常教学，实践中该如何解决这一困难呢？是否有一种更具可操作性和可复制性的课堂教学设计思路呢？带着这样的疑惑，我通过2019年本校青优杯教学竞赛的一系列培训过程，借助“目标·认知·条件”分析工具找到了解答以上问题的一些思路，并且在“目标·认知·条件”分析工具的运用中收获了一些心得。

二、实践过程

（一）“学习目标”的调整优化

1. 初始目标及修改目标的比较

“学习目标”的设计不是一蹴而就的，而是在实践中不断调整与优化的过程。在学了“目标·认知·条件”分析工具的运用之后，我再次根据本单元的单元目标（①反复诵读，培养文言语感；②注意积累常用文言词语和句式，欣赏课文中精彩的语句，学习古人论事说理的技巧，体会他们的人生感悟，从中得到思想启迪和情感陶冶）将本堂课的“学习目标”做了以下调整。（见表）

初始目标	修改目标
1. 反复朗读，借助注释理解大意；读准字音，正确辨认断句。 2. 归纳、整理重点字词；理解文意，准确翻译；争取当堂背诵。 3. 联系当今社会生活，理解“天下为公”和“大同社会”的思想意义。	1. 通过多种形式的朗读，读准字音，正确辨认断句；借助注释，解释重点语句，理解文章大意。 2. 通过辨别语句层次，归纳层意，梳理文章结构；概括“大同”社会的根本特征和三个方面的基本表现。 3. 联系历史人物和当今社会现象，解释其与“大同”社会特征之间的相关性；理解孔子对于“大同”社会的崇高政治理想，从而树立构建和谐社会家园的理想。

2. “初始目标”及“修改目标”的共性与个性

通过“初始目标”及“修改目标”的比较，可以发现其共性在于两次目标都体现了文言文学习的一般逻辑和规律。

例如：通过朗读，借助注释，解释重点字、词、句，理解文章大意。

其不同点在于初始目标中缺少对学生认知领域及相关维度的思考，更接近传统的三维目标（知识与技能；过程与方法；情感态度与价值观）的表述。而“修改”目标”则对此进行了优化。“修改目标”是利用“目标·认知·条件”分析工具进行制定的，更为贴近学生的认知水平，在遵循文言文课堂教学一般规律的同时，更侧重于从学生认知领域及相关维度进行表述，行为动词更丰富，且有明确的指向性。

例如，“修改目标1”中“通过多种形式的朗读，读准字音，正确辨认断句”属于“认知领域”中事实性知识维度的“记忆目标”；“借助注释，解释重点语句，理解文章大意”属于“认知领域”中程序性知识维度的“应用目标”。

(二)“认知过程”“支持性条件”的调整优化

1. “认知过程”“支持性条件”初稿与终稿的比较

“认知过程”和“支持性条件”的分析过程也经历了多次螺旋式上升，是对实践中教学问题的不断调整与优化。举“学习目标2——通过辨别语句层次，归纳层意，梳理文章结构；概括‘大同’社会的根本特征和三个方面的基本表现。”为例，可以发现两者的区别(见表)。

“认知过程”“支持性条件”初稿与终稿的比较

	认知过程	支持性条件
初稿	2.1 围绕核心问题“什么是‘大同’社会”，思考下位问题(1)在“大同”社会中应当推举什么样的人治理国家？(2)提倡什么样的人际关系？(3)怎样对待弱势群体？(4)具有什么样的物质财富观念？(5)具有什么样的劳动观念？”	2.1 设计并提出核心问题和下位问题，并利用这条问题链，引导学生梳理全文思路结构。
终稿	2.1 疏通句子的意思，辨别句子与句子之间的关系，建构起句群之间的关系，归纳层意，并表述层意。	2.1 设计核心问题和下位问题，并利用问题链或问题支架，引导学生归纳层意，并表述层意。
初稿	2.2 根据下位问题，小组讨论，逐句梳理句意，归纳层意，理清文章结构，即“总——分——总”的结构。 2.3 根据梳理出的文章结构，概括“大同”社会的根本特征和三个方面的基本表现。	2.2 提供导学案，设计分步梳理句意，归纳层意，理清文章结构的路径框架图。组织学生小组合作，讨论并交流。 2.3 提供“概括范例”，明确“概括要点”，指导“概括方法”，组织学生展示其成果。
终稿	2.2 归纳层意，概括并表述“大同”社会的根本特征和三个方面的基本表现。梳理文章结构，即“总——分——总”的结构。	2.2 设计问题，提供“概括范例”，引导学生归纳层意；组织学生小组合作，讨论并交流。

2. “认知过程”“支持性条件”调整与优化的原因

首先，“认知过程”的主体是学生，其预设应符合文言文教学的学科基本逻辑以及学生思维过程的基本规律。“认知过程”分析和“支持性条件”分析之间必须具有一一对应的关系，以确保“学习目标”的达成。

其次，分析“认知过程”时，应注重学生可能产生的课堂行为。例如，以行为动词“疏通、辨别、归纳、概括”来体现学生在文言文学习中的课堂认知行为，帮助后续支持性条件的生成和问题链的设计。

值得注意的是，核心问题和下位问题（问题链）的设计不必在分析工具中呈现，它是教师教学设计的组成部分。

三、案例分析

（一）“目标·认知·条件”分析工具对教学的作用

1. 搭建教学的实践桥梁

“目标·认知·条件”分析工具首先是教师教学构思和实际教学之间的桥梁，在教师已有的学科教育实践经验基础上，分析工具能为教师提供一种新颖的教学设计思路，突破教师固有的教学模式——从教学设计出发，经历教学实践后再进行教学反思——尝试一种从学生本位出发，跳脱开剧本式备课的囹圄，充分体现课堂以学生为主体，从学生认知过程出发的教学理念（见图）。

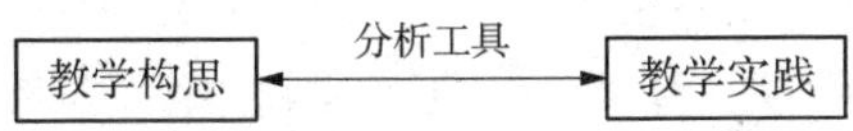

2. 完善教学的思维路径

“目标·认知·条件”分析工具的作用还体现在能有效帮助教师将日常的教学设计以一种结构化、任务化的路径形式清晰呈现，在思维框架的支撑中，引导教师条分缕析地剖析并思考在教学总目标之下，每一子目标所包含的学生认知过程及其所需要的支持性条件，完善教学的思维路径，犹如支架一般起到支撑、辅助教学设计的作用（见图）。

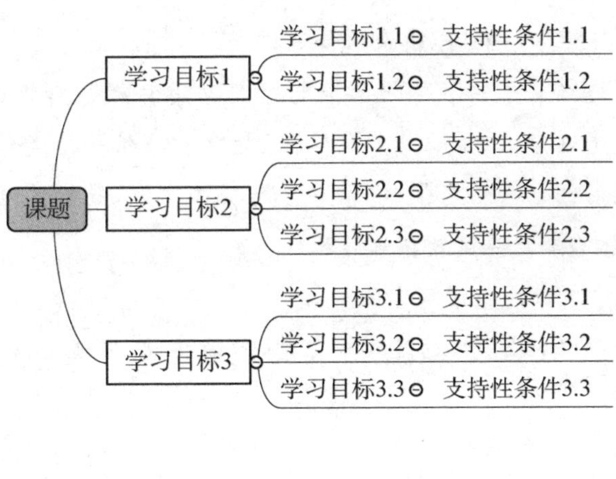

3. 构筑教学的螺旋阶梯

"目标·认知·条件"分析工具是教学设计前、中、后不同阶段都可以使用的一种教学设计型工具,能不断推动并提升教师教学设计的质量。例如,在本次案例中,笔者从初稿到终稿之间调整与优化的整个过程就体现了其阶梯作用。虽然形式上,这个工具是静态的,但其内容随着教学实践的开展和教师思考的深入是动态变化的。教师对于"目标·认知·条件"分析工具的使用过程,犹如走在螺旋式的阶梯上,促使教师不断思考,不断改进自己的教学设计,以制定最优方案,达到最优效果。

(二) 使用"目标·认知·条件"分析工具的一般规律

1. 结合单元目标设计"学习目标"

语文新课程改革中明确要求培养学生的语文素养,主题单元教学可以有效地培养并提高学生的语文素养。采用主题单元的教学形式,符合新课标的要求,可以解决传统单篇课文教学出现的弊端,培养学生的独立阅读能力,进而提升其核心素养。但是如果将单元目标直接作为单篇课文学习目标显然是不合适的,这就要求教师在确立学习目标时要兼顾单篇课文及所在单元的学习目标。在实际使用中,可根据"目标·认知·条件"分析工具使用指引进行规范化表述。

> 例如,本单元的学习目标是①反复诵读,培养文言语感②注意积累常用文言词语和句式,欣赏课文中精彩的语句,学习古人论事说理的技巧,体会他们的人生感悟,从中得到思想启迪和情感陶冶。而修改后的"学习目标"中"通过理解句意,归纳层意,梳理文章结构;概括'大同'社会的根本特征和三个方面的基本特征"。就是对单元目标"欣赏课文中精彩的语句,学习古人论事说理的技巧,体会他们的人生感悟"的转述。

2. 理清"学习目标"的知识维度及认知过程

教师应尽可能地结合学科教学逻辑分析清楚学习目标的知识维度,即事实性知识、概念性知识、程序性知识、反省认知(《学习、教学和评估的分类学——布卢姆教育目标分类学》)。然后结合教学经验,尝试从学生主体出发,分析其可能产生的认知行为,并理清学习目标的知识维度及认知过程。

> 例如,"修改目标 2"中"通过理解句意,归纳层意,梳理文章结构;概括'大同'

社会的根本特征和三个方面的基本表现。”属于“认知领域”中程序性知识维度的“理解目标”。“修改目标3”中“联系历史人物和当今社会现象，解释其与‘大同’社会特征之间的相关性”，属于“认知领域”程序性知识维度的“应用目标”；“理解作者对于‘大同’社会的崇高政治理想，从而树立构建和谐社会家园的理想。”属于“情感领域”中的“形成品格目标”。

3. “学习目标”“认知过程”“支持性条件”的协调统一

教学设计的任务就是找到内容逻辑与学习者认知逻辑的契合点，使之相统一。因此，“学习目标”“认知过程”“支持性条件”必须是一个有机整体，作为模块化的集合体呈现，不能割裂。基于分析工具的框架，同一层级中的“学习目标”“认知过程”“支持性条件”的撰写应当形成一个闭环。不同层级中“学习目标”“认知过程”“支持性条件”的撰写应当从学生“认知过程”出发，围绕本课时总目标，逐层递进（见图）。

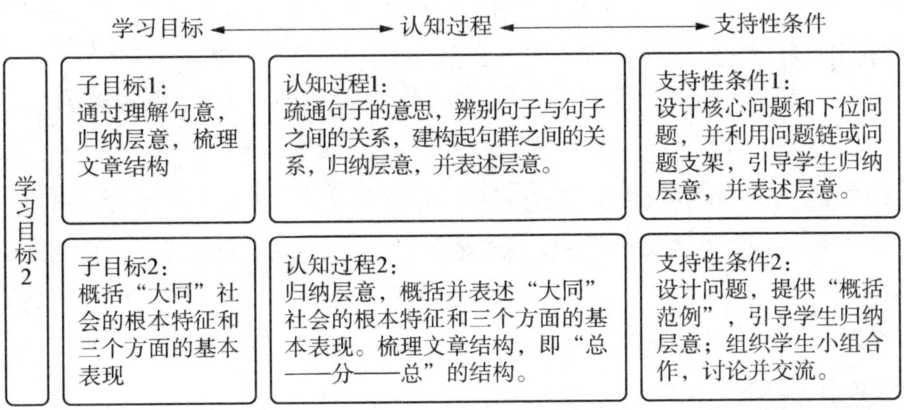

四、实践反思

本人一开始对于如何使用“目标·认知·条件”分析工具并没有一个清晰的认识。从“目标·认知·条件”分析工具（初稿）可以看出，在上课前，笔者主要是从教师已有经验和主观意识出发对学生的学习行为进行预设，而且将教师的活动与学生的认知过程相混淆，使得“认知过程”更偏向于教学活动设计流程。经过校方组织的多次线上学习和交流，以及自己不断的试讲、组内老师的讨论与指导，最终得以形成“目标·认知·条件”分析工具（终稿）。

经过几轮实践反思，我感受到在日常教学实践中，“目标·认知·条件”分析工具确实能够为教学提供一种更具可操作性和可复制性的课堂教学设计思路。它既是教学设计的起点，也是建立在实践基础上的总结与提炼，更是教师根据所教学生原有学习基础和认知水平加以分析所作出的适切调整。教师在运用此工具的同时也是对自己教学设计合理性、科学性的不断评价与反思，我也将在日后的教学中继续尝试使用这套工具改进自己的教学设计与实践。

案例3　基于学生认知过程分析的教学设计与实践

——《串联电路的故障分析》

（执笔人　金莉）

一、案例背景

物理学科的特点是"从生活到物理，从物理走向生活"，即从现象中发现规律，再应用规律去解决实际的问题。这就需要学生有对生活现象的细心观察和积累，这样才能更容易地发现问题。而每一位同学的认知基础不同，对问题的理解就有差异。如何才能把握学生的共同认知基础，设置合适的学习目标，并在学生共同认知的基础上，提供合理的支持性条件，这已成为备课时老师们所讨论的重要问题。

从学生视角出发，体验学生的认知过程，找出学生认知与教师提供的支持性条件的最佳契合点，能大大地提高学生学习的效率，使目标的达成度更高。这是学校推进"目标·认知过程·支持性条件"项目研讨带给所有老师的思考，本文将从课题《串联电路的故障分析》一课的实践内容出发，对"目标-认知-条件"分析工具在课题中的应用进行说明。

二、实践过程

《串联电路的故障分析》是沪教版九年级总复习过程中的专题复习内容，属于知识拓展的应用内容，学生已经掌握了串联电路的特点，基本掌握了串联电路故障的电流电压特点。需要进行对已有知识的应用和解决问题的能力提升。由于课程标准中对解决问题能力的目标没有具体的描述，而能力的培养又需要分阶段、分层次进行，要在具体的情景中获取，所以这节课的目标就必须分层次设定。在设置目标的过程中，遇到了极大的困难。首先，对学情的分析；其次，对目标描述的行为动词的筛选；最后，调整设置适合学生能力发展的目标。

以目标1、2为例：

最初选定的学习目标	完善后的学习目标
目标1.借助NB虚拟实验室，尝试模拟各用电器发生电路故障的情形，观察并归纳实验现象，掌握串联电路发生局部故障时电流、电压的特点。并归纳总结利用电压表、电流表判断串联电路故障的一般方法。	目标1.通过观察演示实验（借助NB物理实验室），回忆串联电路发生断路和短路故障时用电器的电流、电压的变化情况。并根据电流电压的变化，利用电压表、电流表查找串联电路中的故障，巩固查找串联电路故障的方法。

在第一次对目标1的调整的过程中明确了：(1)目标的描述可以借助表格工具中的行为动词；(2)理顺目标与目标之间的逻辑关系，修正确定目标描述的先后顺序以及用简单易懂的语言阐述目标。

最初选定的学习目标	完善后的学习目标
目标2.通过选择合适的器材，应用已获得的方法，体验自主解决问题的过程，尝试利用多种方法解决问题，熟练掌握判断串联电路故障的一般方法。	目标2.根据已有规律，通过自主选择合适的器材，体验判断、查找电路故障的过程。尝试利用多种方法解决问题，通过对比、交流不同的方法，熟练掌握查找串联电路故障的方法。

在第一次对目标2的调整的过程中明确了：(1)从学生的知识起点出发，目标的设置必须有层次；(2)目标的描述尽可能用行为动词体现学生须发展的能力；(3)目标的描述中，需体现发展能力的方法和过程。

在试讲后的最后一次的讨论中，将学习目标和课堂的几个环节进行了对照，最终将目标设立为：

学习目标
1. 通过观察演示实验（借助NB物理实验室），回忆串联电路发生断路和短路故障时用电器的电流、电压的变化情况。 2. 能利用电压表、电流表查找出串联电路中的故障，能通过分析、讨论，发现电压表和电流表的变化方向确定故障发生的位置。 3. 根据已有规律，自主选择合适的器材，尝试利用其他元件组合的方式查找电路故障，获得成功的体验。通过对比、交流，归纳查找串联电路故障的方法。

在这一次的调整中，考虑到了教学环节的设置，重新理顺了目标之间的递进关系和逻辑关系。在这次的讨论中，逐渐考虑到以能力作为发展目标，并以知识应用作为载体的学习目标设置一定要充分考虑学生的认知起点。目标与目标之间的递进关系，是拆

解各教学环节的重要依据。在此之前，专题复习课的目标设置一直非常的笼统，目标的描述停留在知识层面，缺乏对学生能力发展的考虑。在这次不断修订目标的过程中，我逐渐厘清了知识目标和能力目标的界限，并且对能力目标的设置，有了一点感悟：教学实践的过程其实也是不断完善、修订目标的过程，充分考虑学生的认知规律，寻找既定目标与学生认知能力的差距，并不断缩小这个差距，就是设置完善学习目标的最高标准。

在根据学生设置好目标以后，在课堂上提供合适的支持性条件，适时引导，适时点拨，放手让学生尝试，在试错中发现问题，在试错中寻找新方法，拓展思路，对学生的思考、创新精神进行保护，这应该是支持性条件的最高要求，也是我今后努力的方向。

三、案例分析

在这一次利用"目标·认知过程·支持性条件"的工具进行目标设定、学生认知过程分析以及选择支持性条件的过程中，让我逐渐认识到转变教学身份，以学生为主体的课堂到底应该如何实施。

在这以前，我总以为以学生为主体的课堂就是课堂上安排充分的时间给学生活动，或者是课堂设置的问题链一定要学生归纳、总结、回答，再或者让学生做课堂的主人，留时间让他们多说多讲，只有做到这些才是以学生为主体。但是通过这次研修，我意识到以学生为主体并不是单纯地指以学生活动为主体，它更深一层的含义是，以学生的知识起点设置以学生能力发展的分级目标，以学生的认知规律为依据为学习提供支持性条件，以学生的思维、能力作为课堂教学的一切准则，而不是按照教学目标设置学生活动。课堂上的学生活动不应该是课堂的表现形式，而应该是教师把握学生认知规律后，为学生搭设的量身定制的能力发展平台。例如，在目标2的设置过程中，从最开始的"通过选择合适的器材，应用已获得的方法，体验自主解决问题的过程，尝试利用多种方法解决问题，熟练掌握判断串联电路故障的一般方法"。最终目标是使学生掌握判断故障的一般方法，而到最后"根据已有规律，自主选择合适的器材，尝试利用其他元件组合的方式查找电路故障，获得成功的体验。通过对比、交流，归纳查找串联电路故障的方法。"是希望学生能够达成体验，交流比较不同的方法，目标的设置不再拘泥于一般知识的获得，而是向更高一级发展，期望不同学生能获得能力上不同层次的发展。基础一般的学生，体验方法；基础较好的学生，比较分析方法；能力强的学生希望他们能对方法上有所创新。

备课时，先根据课程标准设置学习目标，还是先确定学生的认知起点？学习目标是一成不变的，还是应该随着学生能力水平动态调整？我相信这也是大多数老师的困惑，各学科的课程标准都已经设置好了学生的学习目标，而每个学校每个班级每个学生的认知起点却不同，备课时，如果照搬照抄课程标准的目标，势必会有难以达成的部分。所以，在这一次的研修中，对目标的设立，我的想法是：对学生的学习目标没必要照搬课程标准的目标，学习是一个漫长的螺旋上升的过程，那么目标的设定，也可以遵循这样的规律。根据学生认知起点设置的学习目标，更能够在实施课堂教学后达成，而不断地调整目标与学生水平的差距，让两者更贴近，则是提高课堂有效性的途径。不断地思考、调整学习目标，是让课堂更适合学生的起点。

四、实践反思

在这次的研修中，我把大部分的精力放在了设置合适、恰当、准确的学习目标上，通过对学情的分析，不断地调整目标。但是在为学生提供支持性条件方面做得不是很多，基本上是根据教学经验进行活动的设置，缺少了反复的论证和比较，少了一些尝试。在下一个阶段，我可能会从学生的认知起点出发，尽可能多地尝试提供不同的支持性条件，寻找到最贴合学生起点的情景，最易进行操作的活动，能提高学生兴趣的情景和活动。从学生认知规律到目标的设定，再到课堂上学生活动的选择与完善，我相信还有很长的路要走。但是，以学生为中心的方向一定，前路就不会太曲折。

案例4　基于学生认知过程分析的教学支持性条件的改进

——“目标-认知-条件”分析工具在《三角形中位线》中的应用

（执笔人　李慧文）

一、案例背景

教学要遵循规律，学生的学习认知过程是教学规律的核心，分析学生认知过程是教学设计的基础。建构主义认为，在学习时学生的头脑里并非是一片空白而是基于已有知识、经验背景的构建；学习过程不仅仅是接受现成知识的学习，还是基于原有经验、概念的转变。把认知过程视为一种课程资源，可以有效地激发学生学习的热情，引导学生在生活世界与科学世界的撞击中进行学习、思考。

在实际教学中，教师发现许多数学知识的呈现样态比较突兀，它们与学生已有的知识结构相脱节，致使学生已有的认知基础不能支撑教学活动的开展，理解、掌握教材中的知识点就显得很困难。为了使数学教学遵循学生心理发展的规律，促进学生有效学习，提高教学效率，我们必须研究学习认知过程。但我们对教学规律的分析总是缺少工具，现基于学校开发的“目标·认知·条件”工具，只需将学习目标进行过程化分解，在学生的认知基础上，通过角色变换，为学生提供合理的支持性条件，优化“老师教”，从而促进“学生学”。以下，我将结合“三角形中位线”教学实践，谈一谈如何利用该工具进行学生学习认知过程的分析。

二、实践过程

《三角形的中位线》是沪教版八年级下册《四边形》第6节第1课时的内容。在此之前，学生已学习了旋转图形、中心对称与中心对称图形的性质，利用中心对称图形的性质，研究了平行四边形的性质，并在此基础上展开了对矩形、菱形、正方形的研究。基于课程标准，本节课学习目标确定如下：

1. 理解三角形中位线的概念，知道三角形中位线和中线的区别；

2. 进行三角形中位线性质的探索过程，能以运动变化的观点认识三角形中位线与平行四边形之间的联系；通过定理证明及一题多解，提高分析问题和解决问题的能力；体会演绎思想和归纳思想；

3. 掌握三角形中位线定理，能运用它们进行简单的几何计算和证明；能综合运用三角形和特殊四边形的有关知识解决简单的数学问题。

下面以目标1为例，说明基于学生认知过程分析的教学设计。

1. *以支持性条件为主的教学设计*

学习目标	支持性条件	认知过程
目标1.理解三角形中位线的概念，知道三角形中位线和中线的区别。	1. 在课本中，三角形中位线的情景引入是这样的：一张三角形纸片，可用一条平行于这个三角形一边的直线，把它分割成一个梯形和一个小三角形。如果所得的梯形和小三角形恰好拼成一个平行四边形，那么这条用于分割的直线与三角形另外两边的交点在什么位置？ 操作：(1) 剪一张三角形纸片，记为$\triangle ABC$； (2) 分别取AB、AC的中点D、E，连接DE； (3) 沿DE将$\triangle ABC$剪成两部分，并将$\triangle ADE$绕点E按顺时针方向旋转180°到$\triangle CFE$的位置(如图)。	➢ 思考对三角形的一种特殊分割； ➢ 感受三角形中位线； ➢ 概括三角形中位线概念； ➢ 区分三角形的中位线与中线； ➢ 猜测DE与BC的位置关系与数量关系。

续　表

学习目标	支持性条件	认知过程
	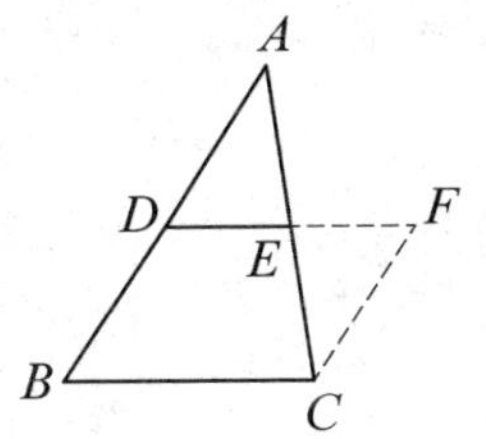 2. 引导学生概括出中位线的概念： 3. 思考：DE 与 BC 有怎样的位置关系和数量关系？	

在没有理解学习目标、认知过程与支持性条件之间的联系时，我是这样做的：

确定教学目标

⇓

设计能达成目标的教学活动

⇓

分析教学活动中学生的认知

先确定学习目标，再设计教学活动来达成目标。这里我直接采用了课本上的引入，我想这是大多数新老师在备课时的做法，认为课本提供的方案是最合理的，最后再分析教学活动过程中学生的认知过程，也就是按照学习目标→支持性条件→认知过程的顺序完成，我泛泛地理解为支持性条件就是教学设计，学生在老师制定的教学活动下进行学习，本质上是老师怎么教学生就怎么学，没有体现以学生为主体，这样的教学设计是否合理？在与组内老师进行磨课，听取了老教师就这节课的教学经验后，我对课本的引入部分有了新的解读。

课本设置这样的情景，实质是引导学生主动将三角形与平行四边形建立联系，为三角形中位线定理的探索和证明做铺垫。但问题是这样精妙的设想，学生是否能想得到？从学生平时的学习认知角度来看，课本的引入是建立在学生已经知道三角形中位线的基础上，动手操作超出了学生认知，难度较大。因此，这样的情境导入对学生来讲是不易接受的，我试图用较难的问题引出比较直观的概念，这并不适合初二学生的数学认知规律。

通过多次研讨、学习后，我理解为：研究学生认知过程其实是促使教师进一步思考教学内容的排序和传授方式是否合适。那么如何较为准确地定位学生的认知过程？首先，老师根据课程标准和学情制定出学习目标，分析学习目标属于认知领域的哪一类知识、会经历哪些学习行为，即确定认知行为动词；再把自己当作学生，面对这样的学习目标，我会怎么学？如何支持这些学习行为的发生？情境、任务、资源……这些支持性条件并不是具体的教学设计，而是针对这样的学习目标和认知过程的通法，即教学设计的指导思想。利用“学习目标与学习认知过程分析参照表”，明确了目标1属于认知领域的概念性知识，需要达到记忆和理解的水平。主要认知行为有：认识、知道、辨认、辨别、区分、体会等。

明确学习目标

⇓

分析学习目标所属的知识领域

⇓

确定认知行为动词

⇓

设计支持性条件

2. 以认知过程为主的教学设计

学习目标	认知过程	支持性条件
理解三角形中位线的概念，知道三角形中位线和中线的区别；	通过具体图形，感受联结三角形两边中点连线段的特殊位置，觉察与三角形中线的区别。	提出能引出概念的问题；通过概念本质的对比，得出概念间的区别。

教学片断：

问题1： 为庆祝14岁生日，某学校给每位同学发了一块三角形蛋糕，形如$\triangle ABC$，小明想将其切成两块面积相等的三角形蛋糕，送一半给妈妈，怎么切？

生：作三角形中线；

师：什么是三角形中线？怎么作？等分依据是什么？

生：中线分割的两个三角形等底同高；

追问： 小明想将蛋糕$\triangle ADC$再切成两块面积相等的三角形，送一半给妹妹，兄妹

两人都想得到 AC 边上的巧克力，怎么切？

师：在 $\triangle ABC$ 中，DE 还是中线吗？为什么？它有什么特点？

生：它不是顶点和对方边中点的连线段，是两个中点的连线段；

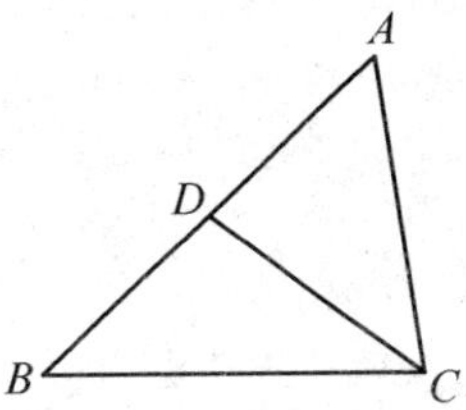

师：我们把这条线段叫做三角形的中位线，即“联结三角形两边中点的线段”；

问题 2：一个三角形有几条中位线？

生：三角形的三边上各有一个中点，两两联结，得到三条中位线；

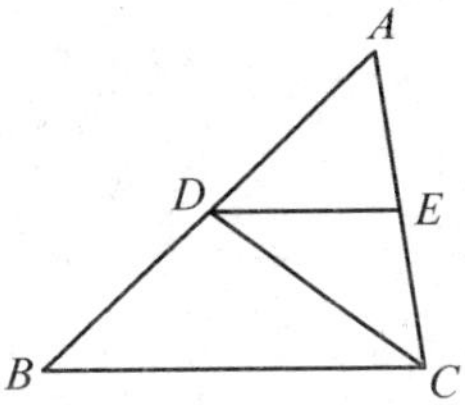

问题 3：猜想三角形中位线 DE 与第三边 BC 的关系。

师：问题 1 中，$\triangle ADE$ 的面积是 $\triangle ABC$ 的几分之几？三条中位线将 $\triangle ABC$ 分割成了四个小三角形，这四块面积有什么关系？

生：面积相等；

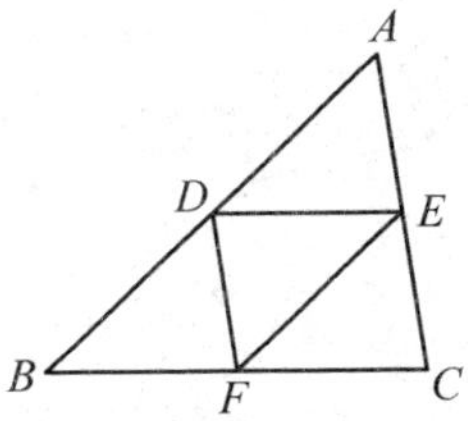

师：就其中一条中位线 DE 而言，它平分三角形的两边，那么它与第三边 BC 会有什么样的关系？观察图形，你能做出哪些猜想？

生：$DE=\frac{1}{2}BC$ 且 DE 平行于 BC。

三、案例分析

1. 课本中提供的操作性引入要求过高，超出学生认知

在此之前，学生已经学习过三角形的中线，知道三角形的一条中线等分三角形的面积，而对于中位线却一无所知。谈到三角形中位线时，学生的第一反应是：“什么是中位线？与中线有什么区别？”基于这样的学习目标与认知基础，为达到记忆和理解的水平，课本中提供的操作性引入就显得要求过高。

2. 学生已知三角形中线等分三角形面积

在教学中，我把三角形的中线和中位线联系的教学放在了学生熟知的等分三角形面积的背景中。通过思考，发现第一次通过三角形的中线分割即可，第二次等分的分割线可经过三角形两边的中点，引出三角形的中位线的概念；同时辨析了三角形的中线和中位线的区别，以及中位线的数量；在等分面积的过程中，唤醒了学生对被中位线

分割的四个三角形面积是否相等的猜想，并能轻易验证猜想；同时引发合理猜想：三角形的一条中位线等分三角形的两边，所分割的小三角形面积是大三角形面积的四分之一，那么它与第三边有什么样的关系？由前面的探索，学生得到数量关系和位置关系的猜想，且可以通过面积法完成定理的证明，学生的理解水到渠成。

3. 教学活动必须建立在学生的认知发展水平和已有的知识经验基础之上

三角形的中位线虽然是全新的概念，但其实和学生很多现有经验、知识、思想、方法紧密联系在一起，从学生的认知过程和知识起点出发，创设合理、简洁、指向性强的情景引入，使学生轻松掌握概念型学习目标。

新课标指出“数学教学活动必须建立在学生的认知发展水平和已有的知识经验基础之上”。在我们的课堂教学过程中，不能让教材来驾驭学生，如果只维护自己刻板、僵硬的教学设计，学生实际接受多少，能不能接受以及有多少知识被纳入到学生原有认知结构中，就要看学生的“造化”了，这不能算得上有效教学。综上所述，为了使教学遵循学生心理发展的规律，促进学生有效学习，提高教学效率，解决学生“高投入，低产出”的学习问题，我们必须研究学生的学习认知过程。正如美国心理学家奥苏贝尔所说：“每当我们致力于影响学生的认知结构，以最大限度提高意义学习和保持时，我们就深入到教育过程的核心。”

四、实践反思

1. 认知过程分析将学生思维化隐为显

有关学习认知过程的研究，倡导暴露学生的思维过程，使得教师可以真正地了解学生的认知动态和心理过程，及时、合理地对学生进行学习指导。教学时，教师可以从研究认知过程入手，顺应学生思维，利用学生已有的经验和数学知识以内在的次序架构认知桥梁，突破学习障碍。

2. 教师要用教材而不是教教材

教材不是圣书，它只是提供最基本的教学内容，只是教学的“中介材料”。从教材到课堂教学之间还有一段距离，要想跨越这段距离教师要把教材与学生的学习认知过程联系起来，根据学生的需要和认知规律，适度地加工教材内容，使教学内容贴近学生的实际生活。

3. 对一般数学概念性目标使用工具

首先，制定符合学情的学习目标，如“理解……的概念，知道新概念与相邻概念之间的区别”；其次，分析学习认知过程，即“通过具体实例，感受并体验概念的存在，概括并复述概念，比较并区分新概念与相邻概念，理解概念”；再次，提供有效支持，即“提出能引出概念的问题，抓住关键词并形成概念，通过概念本质的对比得出概念间的区别，进行概念的简单应用，巩固概念”，最后进行较为合理的教学设计。

同时这个案例也引发了后续的思考“对于不同的学习目标，学生的认知过程是怎样的？如何提供最合理的支持性条件？”等。

由于对“目标·认知·条件”研究工具的理解不够，对学生的学习认知过程的判断可能存在偏差。对于不同的学习目标，学生的认知过程是怎样的，如何提供最合理的支持性条件，需要教师深入地了解教材和学生、不断地进行实践反思，从而合理设计教学内容，帮助学生顺利构建数学知识。

案例5　实现系统化教学，构建适合学生的教学设计

——谈“目标·认知·条件”分析工具在教学实践中的运用

（执笔人　张海燕）

一、案例背景

近几年，学校大力构建适合学生的教育理念。教师在不断的教学实践中发现，只有科学地遵循学生的认识规律，通过目标分层式教学，引导学生自主探究，才能使学生得到全面发展。

遵循学生认知规律是教师授课的核心，也是教师在课堂上的价值体现。但在平时的教学过程中，特别是对于一些青年教师来说，由于缺乏教学经验，在实践过程中很难把握住学生的认知过程，常有无从下手、不知所措的困惑，又或是借鉴大量的优秀课堂案例，使教学变成一场场模仿秀，导致在教学过程中无法体现以学生为主，学生的学习效果自然得不到有效提高。

因此，学校基于布卢姆等教育专家对教学目标分类的文献研究，开创了“目标·认知·条件”分析工具，以此来帮助教师更加科学地进行系统化教学，构建适合学生的教学设计。就此，我以初三年级物理学科的《专题复习之测电阻实验与测小灯电功率实验》为例，谈一谈如何运用这套工具进行目标分析，认知过程分析及支持性条件的确定。

二、实践过程

1. 以学生为本，进行目标分析

本节课是专题复习课，内容涉及初三的“测电阻”和“测小灯电功率”两大学生实验。基于目前初三处于第二轮复习阶段，学生已掌握这两个实验的目的、实验原理、实验电路图、实验操作过程，但没有对这两个实验进行过对比，让学生找出它们之间的不同点，从而更有效地解决一些实际问题。因此，学习目标首先想到的是“**归纳出测电阻与测小灯电功率实验的共同点和不同点**”。显然，这样的学习目标过于笼统，无法体现出学生的认知过程。所以，以学生为本就要将学习目标细化分解。

通过“目标・认知・条件”工具分析，知识目标分为三大类：认知领域、情感领域、动作技能领域。首先可以明确此目标属于认知领略，再因为认知领域目标分为：记忆(记忆/知道/识记)、理解、应用/运用、综合(分析-评价/创造)，根据学生目前的学习状况，确定目标属于综合性这类。最后根据工具栏中所对应的行为认知参考动词进行筛选，并思考“通过什么方式进行归纳”“学生经历怎样的过程”“最终预想让学生达到什么程度的学习效果”。这样不仅明确了学习目标，还将其细化分解了，这为下一步设计学生的学习认知过程做好了准备。最终学习目标调整过程如下表所示：

初始目标	目标分析	修改目标
归纳出测电阻与测小灯电功率实验的共同点和不同点。	属于认知领略的综合性目标	通过观察演示测电阻实验和测小灯电功率实验的电路连接过程，回忆正确连接电路时的注意事项及规范操作要求，比较并梳理出两实验的共同点和不同点。

2. 以学生为主，进行认知过程分析

基于学习目标的细化及确定，就可以进行教学活动设计了。起初凭借以往的教学经验，设计出相应的教学活动来实现预设的学习目标。设想的教学活动是：“**让学生分别演示两实验的电路连接过程，同时复习连接电路的注意事项，再提出一系列相关的问题链，最后学生小组讨论总结出两实验的共同点和不同点。**”但在实践的过程中往往事与愿违，出现了意想不到的问题：学生分别完成电路连接后，即使安排了小组讨论，还是不能系统地找到这两个实验的共同点和不同点。究其原因，学生在认知过程中，看似都是参与者，实则是在教师的主导下机械性地做而已。因此，以学生为主就要站在学生的角度去思考学习者需要经历怎样的学习认知过程才能达到学习目标。

运用“目标·认知·条件”分析工具中所提供的认知行为参考动词，让教师学会站在学生的角度去进行学习认知过程分析，去琢磨学生在学习过程中会出现怎样的操作，会做出怎样的反应，这样让整个课堂充分体现出学生的主体性作用。现根据学习目标，将认知过程调整如下表所示：

学习目标	认知过程(学生角度)
通过观察演示测电阻实验和测小灯电功率实验的电路连接过程，回忆正确连接电路时的注意事项及规范操作要求，比较并梳理出两实验的共同点和不同点。	1. 观察测小灯电功率实验的不同电路连接过程，指出并纠正电路连接的错误操作。 2. 回忆测电阻实验所需的实验器材，及正确的操作步骤。 3. 比较这两个实验在连接电路时有什么共同点，并进一步思考在规范操作过程中还有哪些共同点，同时发现它们的不同点。

3. 以学生为上，进行支持性条件的确定

支持性条件是教师为了促进学生学习提供的学习帮助，包括教学方式、学习资源和学习环境等。学生在学习过程中必然会越到困难，现有的旧知无法解决面临的新问题，此时教师就需要发挥传道、授业、解惑的作用。但在平时的教学中教师常以高姿态的形象出现在学生面前，提供给学生的指导不是支持性的，而是自带光环的命令式条件。好比这样的教学片段：**学生在小组讨论后找不出这两个实验的共同点和不同点。教师给予的指导支持性条件为：“请同学们将这两个实验的实验目的，实验原理，实验电路图，实验操作过程对比一下，它们之间的共同点和不同点自然就可以找到了。”**这样的支持性条件对学生的认知过程起到的作用甚微，因为在解决问题的过程中没有让学生进行自主探究，使教学效果大大降低。

可见，教师提供的支持性条件应以学生为上，根据已有的认知过程逐条进行思考：教师该给予怎样的支持性条件来让学生亲身体验认知过程。现将已有的认知过程逐条对应，确定的支持性条件如下表所示：

认知过程(学生角度)	支持性条件(教师角度)
1. 观察测小灯电功率实验的电路连接过程，指出并纠正电路连接的错误操作。 2. 回忆测电阻实验所需的实验器材，及正确的操作步骤。 3. 比较这两个实验在连接电路时有什么共同点，并进一步思考在规范操作过程中还有哪些共同点，同时发现它们的不同点。	1. 借助 NB 虚拟实验，演示测小灯电功率实验的连接过程。设置的错误连接情景如图所示：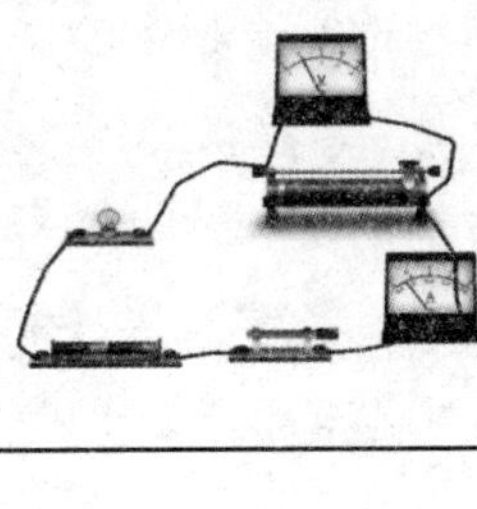

续　表

认知过程(学生角度)	支持性条件(教师角度)
	2. 根据学生的回忆,正确演示测电阻实验的连接过程。 3. 引导学生进行比较并梳理出两实验的内在联系和外在差异。

三、案例分析

1. 在实践运用中,自然体现以学生为本的教学设计

利用"目标·认知·条件"分析工具在本堂课进行教学实践时,确定的学习目标好比是学生的大脑,学生经历的认知过程好比是学生的身体,教师提供的支持性条件好比是学生身体里的脉络,这样目标、认知、条件三者完整地组合成了学习的主体者——学生。学习目标是教学的核心,不同的学习目标需要的学习认知过程是不一样的,综合性目标光靠听是低效的,只有通过学习的主体者亲身体验过才能真正地学会,简而言之就是要让学生自主动起来,而教师所提供的支持性条件就是引领着学生身体的脉络,帮助学生的身体做出正确的动作,让学生的身体活动能够得到协调发展,最终将学到的本领传达到大脑。这样的系统化教学不仅完全遵循学生的认知规律,也让整堂课的教学设计自然而然地体现了以学生为本的教学理念。

2. 在实践运用中,自动激活学生的主体意识

大量教学实践证明,教师在课上如果只知道照本宣科,从定义到推理,从公式到解题,学生根本不知道学这些知识的意义和价值,必然提不起兴趣,学生被老师推着前进,显然走不长远。因此教学过程不是让学生简单地感知,被动地接受,而须激发学生学习的内动力,积极主动地在行为上、思维上进行实践与反思,这样才能得到成长,即知识的习得只有通过学生自主探究才能真正获得。本堂课利用"目标·认知·条件"分析工具在进行认知过程分析时,由原来教师主体性的复习总结,转变为学生自主地进行实验,通过比较讨论交流,主动地进行归纳总结。整个教学活动注重学生的认知过程,有效激活了学生的主体意识,让教师最大限度地调动学生参与学习活动的主动性、积极性与创造性,让学生充分感受与理解知识的发生过程,让学生得到求知悟道的享受。

3. 在实践运用中,自觉明确教师的主导作用

在教学活动中,学生是学习的主人,教师是学习过程中的组织者、引导者与合作

者。这就告诉我们在教学活动中教师不是主角，学生才是主体。本堂课利用“目标·认知·条件”分析工具进行教学实践时，教师在课前充分研究学生已有的知识经验，通过学生的角度进行认知过程分析，创设符合学生认知规律的情境引入，唤起学生头脑中的知识储备，让学生对所要学习的知识进一步思考和探索。在完成了对认知过程的分析后，教师自觉地根据认知过程的分析来设计支持性的条件，把教材提供的有效资源充分地利用起来，并创造性地使用教材，引导学生猜测、实验和验证，分层式地指导学生进行探究活动，体验知识形成的过程，教学中学生是自主探究的主体，教师只是起到一个穿针引线的作用。

四、实践反思

在教学实践中，将学习目标进行细化分解，就能逐步形成学习的认知过程。但在对认知过程进行分析行为动词时，无法轻松地筛选出所需要的参考动词。鉴于课程标准中对每个学习目标都设有等级标准，如果将工具中的参考动词也进行等级划分，那么就更便于教师在教学实践中使用了。

当然，一堂完美的课除了要激发出学生思维的火花，更需要有情感上的触动。但在专题复习课上过于侧重知识技能层面，削弱了在情感领域的体现。而在教学实践中运用工具时，发现情感领域目标分为：接受、反应、评价、组织、形成品格，这些与认知领域中的行为动词有相似之处，导致对认知领域与情感领域的区分产生混淆。

让“目标·认知·条件”分析工具在平时的教学中能更好地帮助教师进行系统化教学，还需要进一步完善，提高它的完整性、可操作性及各学科的适用性。

案例 6　三维度导向，助力复习课教学

——“目标-认知-条件”分析工具在初中英语期中复习课中的应用

（执笔人　余智）

一、案例背景

“目标·认知·条件”三维度导向提出，不同学习目标，人的认知过程是不一样的；不同的认知过程，需要的学习支持性条件是不一样。“目标·认知·条件”三者有机作用，共同引导教学实践，支持学习目标的高效实现。

本节课为初中牛津英语教材(上海版)八年级上册期中复习课,也是我参与录制的上海市教委教研室统一组织的在线教学“空中课堂”视频课,“期中复习课”是在完成了数个单元的教学内容之后开展的阶段复习教学。期中复习课不只是简单地重复前几个单元的教学内容,而应对一定阶段的教学内容进行整合,综合设计教学活动,让学生实现知识技能的巩固和能力的迁移,夯实该阶段的教学目标。

二、实践过程

明确了期中复习课的定位后,基于“目标-认知-条件”系统分析工具,我首先梳理了四个单元的教学内容,从而确立了学习目标,教学重点和学习难点,即将之前学过的所有单元内容在新的情境下进行理解和运用,能将较为零碎的知识进行适度地整合。

根据学习目标“整合—巩固—运用”可以判断,这些学习目标所对应的学习水平应该都在B水平(如听懂、分析、判断等),甚至是C水平(表达、描述、掌握等);学习水平的提升和转化,要求学生在认知过程中应该建立四个单元所学的语音、词汇、语法、语篇、功能、话题等语言知识之间的关联,并回忆所学的单元文本特征,理解相关写作手法等,灵活运用所学的语法与功能知识进行口语和书面表达;教师通过有趣又熟悉的情境创设,具备层次性、递进性及衔接性等特征的学习活动设计,作为学生学习条件的有力支撑,从而帮助学生达到知识技能巩固和能力的迁移,与此同时,帮助学生总结提炼解题技巧和学习策略的培养也是阶段复习课中不容忽视的环节。

以目标1、目标2为例:

最初选定的学习目标	完善后的学习目标
目标1. 巩固四个单元所学词汇; 目标2. 进一步掌握一般现在时和一般过去时的用法和功能。	目标1. 帮助学生在听说读写活动中综合运用所学词汇、语法和功能,进行口语和书面的表达; 目标2. 在语境中,进一步熟悉不定冠词的使用规则,恰当运用一般现在时、一般过去时、频度副词及副词短语、数词等。

通过对学习目标的不断完善,我意识到了科学合理的期中复习课学习目标不仅内容适切,而且学生学习行为具体明确,具体表现在动词表述上,教师应该注意以下三方面:1. 动词要反映学习内容的学习水平;2. 动词和学习内容之间的搭配要适切;3. 可以通过给动词加副词和短语将学习行为具体化。

学习过程

环节		学习活动	意图
引入	1	找出四个单元的语篇在内容上的共同之处	复习语篇内容，运用话题语言，进一步思考单元主题
	2	比较四个单元的语篇在文本特征等方面的不同之处	
词汇和语法复习	3	口头翻译所学重点词组，发现并归纳相关的解题技巧和学习策略	巩固4个单元核心词汇、句型、语法的用法，运用单元主要语言现象
	4	口头造句并比较中英表达的差异	
阅读	5	拓展阅读并完成首字母填空	将预测、概括、人物分析等微技能在新的语篇阅读中加以运用
口语	6	根据阅读的情境完成表格的描述	通过口语活动，巩固图表描述和数字表达的技能
听力	7	听懂关于一个银行抢劫案的案件并能书面完成一份报案记录	通过听力活动，进一步理解案件的相关元素构成，并培养听前预测的技能
总结	8	完成“自我评价表”	对期中复习课学习目标的达成进行反思

典型学习活动举例：

在完成本课时学习任务之前和之后，学生通过完成“自我评价表”，对比反思学习目标达成情况，教师设计的这一“自我评价量表”也将学习支持性条件有机地融合到学习认知过程中，有效地实现学习目标。

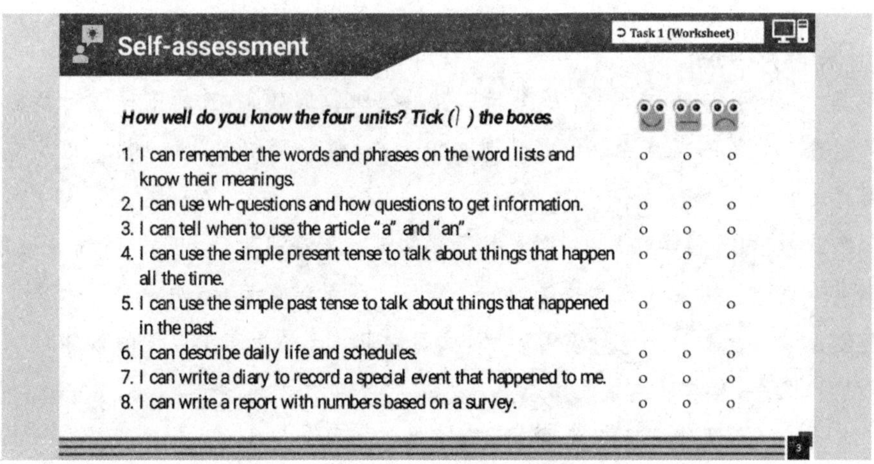

在上复习课之前，学生应回顾相关单元的主要语篇，熟悉话题内容，并对主题和体裁等有所思考，积极参与话题讨论。在复习课的口语和写作环节，建议学生能有意识地在任务中进一步熟悉不定冠词的使用规则，恰当运用一般现在时、一般过去时、频度副词及副词短语、数词等，体会如何在新的情境中灵活运用语法和功能用语。在阅读活动中，希望学生将课堂所学的阅读策略和阅读技能迁移到新的语篇阅读中，加深对内容和写作技巧的理解。最后，希望学生能利用好"自我评价表"，对自己在这个单元中的学习情况有所反思。

三、案例分析

作为执教老师，我整合了第1—第4单元的话题、词汇、语法及功能意念等教学内容，设计了学习活动。首先学生通过完成"自我评价表"，反思4个单元目标达成情况，从而引发学生对相关单元主题的思考。接着利用4个单元课文的故事情节和人物关系，重新创设新的情景，设计具有综合性和趣味性的复习任务。学生在完成任务过程中巩固核心词汇，灵活运用所学的语法与功能知识进行表达。

我还巧妙地运用了教学衔接用语并精心选择了与阶段学习内容高度相关的拓展阅读文本，进一步帮助学生理解以时间顺序为主的记叙文要素以及写作手法，并基于阅读文本口头复述相关图表，充分培养了学生知识迁移的能力。活动难度的不断递增激发了学生的求知欲，引导着学生思维的纵深发展；不同种类、不同层次的学习活动从多方面为达成学生听说读写技能的提升，提供了有效的学习支撑。

四、实践反思

基于"目标-认知-条件"系统分析工具的三维导向教学，就是依据学习目标将学习认知过程与所需的支持性条件有机地组织起来，服务于学生认知过程，高效地实现学习目标。

因此，初中英语学科期中、期末复习课的设计路径可以归纳为：明确教材单元、模块重点难点——建立知识和技能间的关联——设计学习目标；明确学习水平——根据话题创设学习情境——设计学习活动，巩固知识——寻找基于合理的认知过程素材资源（视频、图片、文本以及相关图表等），匹配学习活动等。

总之，如何设计一节选材得当，情境适切、活动丰富、衔接自然、学习目标达成度高，真正做到"以学生为中心"的初中英语单元复习课、模块复习课以及期中、期末复习课、乃至初三专题复习课，值得我们每位一线初中英语教师不断学习、积极实践！

案例7　从目标认知到教学设计

——“目标·认知·条件”分析工具在整本书阅读教学中的运用

（执笔人　王颖婷）

一、案例背景

《初中语文新课程标准》中详细地阐述了语文学科的地位和作用，认为语文是最重要的交际工具。尽管一直以来，就语文学科的工具性和人文性始终存在某些分歧，但语文基本的文本阅读能力、分析能力、表达能力，对于其他学科的工具性作用是无法否定的。在这其中，阅读是语文教学中非常重要的版块，在课程标准中也有明确要求。2018年起在全国全面使用的部编教材在初中阶段添加了“名著导读”板块，更是对中学生阅读整本书提出了明确要求。

但在实际的教学中，由于缺乏统一的教材及教学方法指导，在之前的语文教学中如何引导学生进行整本书的阅读就教无定法，在过程性的阅读分享结束后，如何结合线下课堂对整本书阅读进行总结？这是语文整本书阅读教学总结课首要的学习目标。其次，本堂课旨在以思维导图为抓手培养学生的阅读总结能力，但在确定教学目标时，是以提升学生运用思维导图的能力还是提升学生的阅读能力为主要目标上产生了分歧。而在使用“目标·认知·条件”分析工具后，教师能够分析出学生在阅读整本书时的认知过程及可能存在的问题，并针对问题展开一定的引导，因此，以下将就教学设计如何改进谈一些自己的实践及反思。

二、实践过程

（一）第一次修改——“目标”基于课程标准和学生学情

完成《钢铁是怎样炼成的》一书阅读后，我一直就如何展开线下阅读总结课进行思考，并设定了如下的学习目标：

1. 通过归纳梳理《钢铁是怎样炼成的》主要情节，巩固并加深对核心情节中人物形象的理解。

2. 通过互相评价同学描绘的整本书思维导图，提炼出小说类文本思维导图设计方法，加深学生对《钢铁是怎样炼成的》的精神的理解。

3. 通过引导学生将思维导图框架运用在如《解忧杂货店》等其他小说上，提升学生运用思维导图的技能，通过重构加深对小说类整本书阅读的理解能力。

该教学目标指向学生掌握以思维导图总结整本书的技能，偏重于学生技能的习得，然而作为一堂"语文课"，"语文味"又体现在哪里呢？基于语文学习的课程标准：在整本书阅读的教学过程中，终极目标是提升学生的阅读能力和思维品质，思维导图的帮助再大，也仅仅是以一种"工具"的形式存在，如果整堂课只强调思维导图该如何绘制，如何使信息表达更清晰等，还是停留在工具使用的层面，没有真正将其背后阅读到的精神内涵体现出来，内容依旧空洞的话，那这堂课的本质还是停留在"形式"上，没有真正提升学生的对于《钢铁是怎样炼成的》的理解，是"本末倒置"的。因此，我决定全面调整本堂课的学习目标，以至教学环节和支持性条件的设置，第二次修改的教学目标如下：

1. 通过归纳梳理《钢铁是怎样炼成的》主要情节，巩固并加深对核心情节人物形象的理解。

2. 对小说标题《钢铁是怎样炼成的》中的"钢铁"的指向进行分析，并将所得结果进行分类，根据不同类别对思维导图进行补充完善。

3. 小组交流，通过优化思维导图总结小说精神核心"钢铁"的指向，对小说类文本思维导图设计思路进行提炼总结。

在确定了学习目标方向后，如何使整本书阅读总结课产生应有的效果，"目标 · 认知 · 条件工具"在接下来学习目标具体化上，提供了很大的帮助和支持。

（二）第二次修改——"目标 · 认知 · 条件"工具有效指导学习认知过程

1. 运用"目标 · 认知 · 条件"工具分析学生整本书阅读认知过程

整本书阅读的教学难点就在于容量很大，阅读又是一个长期积累、思考的过程，受时间、学生阅读理解能力差异、对于某类型书籍阅读兴趣等因素的影响。而阅读总结课的学习目标在于加深对小说核心人物形象和精神内涵的理解。因此，在学生已有的学习基础上（①已经完成了对《钢铁是怎样炼成的》整本书阅读；②会用思维导图对文章进行结构分析)，通过运用“目标·认知·条件”工具对认知行为过程进行细化和动词界定后，我们认为小说类文本整本书阅读的最终学习目标在于：

① 提高用思维导图辅助梳理小说结构的能力；

② 通过多线索的故事情节发展，理解小说核心指向。

以《钢铁是怎样炼成的》一书的阅读总结课为例，学习目标可以分为以下三点：

① 通过归纳梳理《钢铁是怎样炼成的》主要情节，进一步理解小说核心情节的人物形象。

该目标的认知行为动词包括“回忆、提取、列举”，过程为“回忆小说的故事情节；翻查小说、提取核心情节；列举核心故事”，属于情感领域目标，学生通过这一认知过程对小说的主要情节进行回忆，回忆的片段虽然零散，但却是多元的，且对不同情节的印象深浅，可区分情节的关键性和主要性。

在此基础上，第二个学习目标设定为：

② 通过依据小说标题分析小说可能的几种情节线索，并根据一条线索用思维导图表达故事情节的发展过程，提高依据主题线索梳理核心情节的阅读能力。

该目标的认知行为动词包括“分析、联想、整合、归纳、设计表达”，这不仅是课堂教学的主体部分，也是学生在整本书阅读总结中相当关键的一步。学生通过“分析小说标题，联想核心故事”，在此基础上“整合各核心故事，形成发展线索”，通过不同小组的分享、交流，整合归纳多条情节发展线索；最终在表达上，运用思维导图这一工具，对思维进行梳理和表达的设计，完成个性化的思维导图。

最终，完成对思维导图的设计后，第三个学习目标设定为：

③ 交流展示思维导图所表达的情节发展，从多线索的故事发展理解小说精神核心“钢铁”的指向，并提高用思维导图辅助整本书阅读的能力。

学生通过“解释思维导图所表达的情节发展过程；辨别不同思维导图的情节发展所表达的核心指向；多角度感知小说所表达的思想情感；评价同学的思维导图，完善自己的设计”，提升自己对小说核心情节、人物形象和中心主旨的理解。

2. 根据目标设定支持性条件

根据以上认知过程，在《钢铁是怎样炼成的》的阅读总结课上，教师可提供的支持性条件如下：

(1) 设计问题引起回忆

组织交流，相互启发列举故事。

(2) 设计分析标题的问题

启发联系核心故事，根据标题分析形成情节线索；

组织交流形成多线索的情节发展；

演示思维导图表达情节发展，让学生选择一条线索用思维导图表达。

(3) 组织交流思维导图所表达的发展过程

设计问题，引导学生辨别不同思维导图所表达的核心指向；

指导学生辨析评价同学的思维导图。

将学习目标和认知细化到以上三个步骤后，整本书阅读的过程较之传统教学模式，在效果上有了明显提升。首先，将一个大的任务分割成几个小块能有效地从心理上给学生“减负”；其次，学生以引导性问题作为抓手进入整本书阅读，阅读时一来更有针对性，二来在阅读的过程中为了解决问题，就会开始进行阅读过程中的思考。与此同时，学生不仅锻炼了信息索取和思考的能力，在“输入”转为“输出”的过程中，同时锻炼了自己的语言组织能力和表达能力，对小说的内容、情感和人物形象又有了再深一层的印象，对提升学生综合的语文素养是有很大帮助的。

三、案例分析

在本堂课教学完成后，经过专家的点评和自我结合之前学习成果的进一步反思，我对“目标·认知·条件”分析工具如何帮助语文阅读教学有了如下的思考和理解：

1. 理解性目标与技能性目标的区别

在本次教学设计修改的过程中，最大的调整就是将原先的目标重点指向学生对于思维导图使用技能的习得转化为对于整本书思想情感理解的深化，对于语文学科来说，“理解性目标”应当是学生在学习过程中通过一步步的认知而达到的目标，同时，在理解加深后，提升学生的阅读理解能力、表达能力和思维品质，此时，“技能性目标”就会成为达成“理解性目标”过程中的工具。因此在语文学科学习过程中，工具和技能应当作为提供给学生的支持性条件，最终使学生能够运用这些支持性条件逐步加深理解、提升能力。

2. 建立系统化的小说类整本书阅读单元教学模式

通过运用“目标·认知·条件”工具对学生阅读认知过程进行细化分析后，最终构建了一套系统的、可操作性较强的整本书阅读教学策略：

① 确定书目，根据内容划分阅读进度；

② 问题导向策略：划分阅读进度后，每一期根据进度设置3—4个引导性问题，作为学生进入阅读时的抓手，提供思考方向；

③ 线上线下课堂结合策略：建立线上分享平台（微信群或其他途径），根据阅读进度定期进行线上师生共同参与的分享活动。

④ 对话策略：在分享的过程中，以学生为主体，教师通过串联学生分享的各个环节、引领学生在讨论中进一步思考；

⑤ 思维导图设计策略：整本书阅读总结时，通过分专题设计思维导图辅助厘清思路，帮助学生对小说的主旨有更进一步的理解。

在对整本书阅读进行总结的过程中，认知行为动词主要包括列举、整合、归纳、设计表达、解释和完善，且在此过程中学生通过分组讨论分工，借助思维导图为工具提炼重点、重构情节、并从中体会、理解人物背后的精神品质。此时教师需要创设讨论空间、提供范例，让学生在模仿后通过实践加深思考和理解，最终提升自己的理解能力和表达能力。

四、实践反思

在整本书阅读教学中，一堂课的容量有限，但培养学生语文阅读综合素养这一“能力目标”又不是简简单单通过一堂课就能够得以实现的，因此在教学目标的设置中，第一要将学生认知过程细化，并且在不同的课中逐步实现能力提升的目标，而“目标·认知·条件”这一工具对分析学生的认知过程，从而设计引导学生的思维过程起到了很大的帮助作用。但本案例囿于时间因素，只能对整本书阅读中的“小说类文本”进行认知过程分析并总结提炼教学策略，对于其他类型的书籍、乃至语文教学中的其他版块如何有效提升还有待进一步探索实践。望通过对“目标·认知·条件”系统不断学习和实践的基础，切实运用到语文综合素养的培养中。

案例8 “量身定制”学习资源

——初中语文作文教学中“目标·认知·条件”分析工具的应用

（执笔人 张蕾）

一、案例背景

在总分150分的中考语文试卷中作文占到60分，占比高达40%。但是笔者发现，直到九年级第二学期学生的作文水平依然良莠不齐、问题颇多。虽然经过多次指导，学生手中也有不少可用的素材，在写作过程中基本能够围绕中心记叙生活中的人、事、物，但很大比例的学生写不好作文的结尾，尽管学生知道作文结尾要照应标题，但是不知如何联系材料、照应标题，以突出中心，以至于结尾简单生硬、缺乏文采。

因此，笔者便考虑给学生上一节关于如何写好作文结尾的课，但在翻阅了教材和市面上许多写作辅导类书籍后，无奈地发现几乎没有可以直接使用的学习资源，十分苦恼。幸而在学校关于“目标·认知·条件”分析工具的运用培训中得到了一些启发：学习资源是学生学习支持性条件的一部分，而支持性条件与学生认知过程相关，认知过程又与学习目标相关。是否可以运用“目标·认知·条件”分析工具来为学生“量身定制”学习资源呢？笔者就此进行了一番尝试。

二、实践过程

1. 学习目标的具体化

在备课的初始阶段，笔者还是按照以往的习惯设计了学习目标，但是在第一次研修中，经过专家指导，笔者明白了运用“目标·认知·条件”分析工具设计撰写的目标要精确具体，并在原本设计的学习目标的基础上进行了修改，以下为修改前和修改后学习目标的对比：

初定目标中“掌握作文结尾要照应标题、中心明确、中心与材料紧密勾连”的表述不准确。一节课的学习要掌握作文结尾的方法不太现实，如果只针对“结尾的要求”，用“掌握”表述不确切，应该是“知道、理解”。于是笔者将目标修改为：感受结尾方法——概括、归纳方法——运用方法、提高能力。这样的目标更加准确具体，也符合学生的学习认知过程。

<table>
<tr><th>初定的学习目标</th><th>修改后的学习目标</th></tr>
<tr><td>(1) 借助教师提供的问题结尾,掌握作文结尾要照应标题、中心明确、中心与材料紧密勾连。</td><td>(1) 通过对例文结尾进行初步的评价、修改,感受使作文结尾更好照应标题、突出中心的基本方法。</td></tr>
<tr><td rowspan="2">(2) 借助教师提供的范例,小组合作,尝试运用排比等方法使结尾更有文采、中心突出。</td><td>(2) 借助资料,概括、归纳使作文结尾更有文采、中心更为突出的常用方法(运用排比、引用、比喻、拟人、首尾呼应等,重点归纳排比法的几种类型)。</td></tr>
<tr><td>(3) 运用适当的方法进一步修改例文结尾,并相互交流、评价,提高运用排比等方法进行结尾的能力。</td></tr>
</table>

2. 学习过程的直观化

教学目标的设计是后续教学活动设计的基础。虽然在以往的研修中也曾意识到教学活动的设计要从学生"学"的角度出发,但在日常教学中,笔者还是会不自觉地站在教师"教"的角度构思教学环节的安排。然而在运用"目标·认知·条件"分析工具分析学生的认知过程时,面对"学习目标与学习认知过程分析参照表"中一大堆既熟悉又陌生的动词,笔者先是感受到了"被迫"跳出舒适区的别扭、不适应;但渐渐地,也被这种学习认知过程的直观呈现触动了,尝到了一些甜头。下表为笔者站在学习者的视角,借助分析工具分析每一条学习目标需要经历的学习认知过程:

学习目标	学习认知过程
(1) 通过对例文结尾进行初步的评价、修改,感受使作文结尾更好照应标题、突出中心的基本方法。	阅读例文、比较问题结尾,体会结尾对表现主题的作用;分析标题和材料,归纳中心;尝试修改问题结尾,使结尾更好地照应标题、突出中心。
(2) 借助资料,概括、归纳使作文结尾更有文采、中心更为突出的常用方法(运用排比、引用、比喻、拟人、首尾呼应等,重点归纳排比法的几种类型)。	阅读、辨析典型例文结尾,分析、归纳作文结尾的常用方法(运用排比、引用、比喻、拟人、首尾呼应等;重点归纳排比法)。
(3) 运用适当的方法进一步修改例文结尾,并相互交流、评价,提高运用排比等方法进行结尾的能力。	重读例文,回顾对标题、材料的分析和归纳的中心,联想结尾的方法,选择适合的方法修改结尾;赏析同学的各种不同结尾,提高结尾的能力。

3. 学习资源的明确化

学习资源作为学习发生的支持性条件之一,理应基于学习目标和认知过程进行设计。在运用"目标·认知·条件"分析工具前,笔者只是粗略、模糊地设想了学习资源。如初定学习资源:一份删去结尾的习作例文;部分学生撰写的问题结尾;运用了不同

方法的优秀作文结尾。在运用分析工具，对学习目标和认知过程进行深入分析后，支持学习发生的学习资源就逐渐清晰、充实起来了。从教师的视角，预设为学生的学习认知行为发生可以提供的学习支持（如下表）。

学习认知过程	支持性条件（学习资源）
阅读例文、比较问题结尾，体会结尾对表现主题的作用；分析标题和材料，归纳中心；尝试修改问题结尾，使结尾更好地照应标题、突出中心。	提供能引起学生共鸣的例文：一份删去结尾的习作例文、几份学生撰写的有问题结尾的例文；提供帮助学生提炼例文中心的思维导图工具；组织学生交流，加深体会；交流修改意见，引起对修改方法的学习需求。
阅读、辨析典型例文结尾，分析、归纳作文结尾的常用方法（运用排比、引用、比喻、拟人、首尾呼应等；重点归纳排比法）。	提供包含排比、引用、首尾呼应等不同方法结尾的典型例文选段；设计问题，组织同学对这些例文结尾运用的方法进行分析、交流。
重读例文，回顾对标题、材料的分析和归纳的中心，联想结尾的方法，选择适合的方法修改结尾；赏析同学的各种不同结尾，提高结尾的能力。	设计问题、指导重读例文，引导回顾对标题、材料的分析和归纳的中心，启发联系归纳的结尾方法修改结尾；组织学生展示交流，设计问题引导赏析不同结尾。

学习资源是为学生学习行为发展提供的有效支持，准确把握学习认知过程，才能有效地为学生的学习提供适切的学习支持。

三、案例分析

学习资源是指在教学系统和学习系统所创建的学习环境中，学习者在学习过程中可以利用的一切显现的或潜隐的条件。教学设计首先需要确定学习目标，而后基于学生的学习起点与学习目标，分析达成学习目标所需要经历的学习认知过程，并据此确定学习发生所需要的学习支持。即学习资源的选择和搜集是基于学习目标和认知过程的。

在本案例中，笔者尝试通过运用“目标·认知·条件”分析工具来为学生“量身定制”学习资源，在过程中总结出该工具的运用可以给日常教学带来改变。

1. 使学习目标更具体

本节课修改后的目标相较修改前的目标更为具体，更加符合学习认知过程。例如原定的目标(1)只写到：“**借助教师提供的问题结尾，掌握作文结尾要照应标题、中心明确、中心与材料紧密勾连。**”如何借助？从借助教师提供的问题结尾到达成目标中间又经历了哪几个活动？这些都没有提及。关于这些内容，以往通常是设计教学环节的时候才会思考的，而“目标·认知·条件”分析工具的使用相当于将这一阶段提前，这么做的好处是可以为接下来的分析提供基础。

2. 使认知过程更直观

使用"目标·认知·条件"分析工具的过程中最困难的一步莫过于目标设计后的认知过程分析,因为在此之前,笔者几乎从未尝试如此细致地思考学生是怎么一步一步学习的。虽然教师分析出的认知过程未必与学生实际经历的认知过程完全一致,但这一步确确实实让教师"不得不"站在学生"学"的角度,尝试更深入地揣摩学生的认知过程,对课堂上学生可能遇到的障碍和可能需要的"支持性条件"能做到"心中有数"。

学习目标	认知过程
1. 通过对例文结尾进行初步的评价、修改,感受使作文结尾更好照应标题、突出中心的基本方法。	1.1 阅读例文、比较问题结尾,体会结尾对表现主题的作用; 1.2 分析标题和材料,归纳中心; 1.3 尝试修改问题结尾,使结尾更好地照应标题、突出中心。

例如上表对学习目标1的认知过程分析帮助教师明确了学生达到目标1需要经历三个学习过程,分别是找到结尾存在的问题、明确习作的中心,并进行口头修改,引起如何修改作文结尾的学习需求,教师能在课堂教学中更好地把握引导的方向和关键点。

3. 使学习资源的选择更明确

"目标·认知·条件"导向的教学就是学习目标、学习认知过程、学习支持性条件三个维度相互作用、彼此适合,共同引导教学实践。在最初构思这节作文课的时候,笔者在脑海中对所需的学习资源只有一个大致的设想,但这节作文课缺少合适的学习资源便根本无法成立,笔者因此苦恼过一段时间。但使用"目标·认知·条件"分析工具后,需要准备的学习资源似乎是自然而然地呈现在了眼前:

首先是关于习作例文的选择,学生在认知过程中需要分析作文题意,梳理习作材料,提炼中心,还需要依据例文撰写、修改结尾,并评价修改后的结尾是否符合要求。因此,例文的材料应尽量贴近学生的生活,中心不宜过于深刻,语言通顺、简洁、规范,思路连贯、层次较清楚、结构完整、详略较为得当,能让学生产生共鸣。经过一番比较、取舍后,笔者选取了一篇2018年上海中考作文《真的不容易》作为例文。

至于三个"问题结尾"则可以利用生成性的学习资源—学生课前撰写的例文习作结尾,这样做一方面能调动学生的学习兴趣,另一方面切实解决了学生写作中存在的实际问题，更具适切性。

其次是一份帮助学生提炼例文中心的思维导图工具。通过表格的呈现，笔者发现分析作文题意，梳理习作材料，提炼中心这一认知过程是必不可少的，但又不是本堂课的重点，因此必须借助一些支持性条件提升这一环节的效率。考虑到初三的学生有一定阅读分析能力，笔者选择设计一份思维导图工具，引导学生在课前分析题意、梳理材料、提炼中心。一方面节约课堂时间，另一方面学生借此可以总结出一条读懂他人习作的路径，并将这一路径运用到自己的写作中。

需要重点考虑的是运用不同方式的习作结尾范例。学生在认知过程中需要分析出各个结尾分别运用哪些不同的方式使文章结尾更有文采，中心得到凸显、甚至升华，并且选择至少一种适当的方法修改习作结尾。考虑到学生对排比这一修辞十分熟悉，但对排比的不同方式缺少系统梳理，因此笔者选取运用从不同角度、层层深入、照应材料顺序、与比喻等修辞联用等方式写排比的五段结尾作为课堂教学资源。而后，为了拓宽学生的写作思路，笔者又新增了运用首尾呼应、拟人、引用等方法撰写结尾的范例作为补充。

四、实践反思

本案例中的《给作文一个漂亮的结尾》一课授课时间是九年级第二学期的六月初，设计意图是希望在中考冲刺阶段为学生提供一些可操作性较强的方法帮助他们提升写作水平，增强面对考试的信心。通过运用“目标·认知·条件”分析工具可以说是较好地达成了设定的目标。同时，也加深了笔者对这一工具的认识，使得教师意识到在日常教学中真正将“研究教师如何教”的观念转变为“研究学生如何学”还有很长一段路要走。也许，唯有在日常教学中更深入去认识、了解学生的知识水平、能力水平，牢记“以学生为中心”，才能慢慢改进。

第六章　完善适合个性成长的评价机制

“适合的教育”要坚持共性和个性的统一，既要体现社会的要求，也要体现个体发展的需要。

这要求不断完善有利于学生个性成长的综合评价机制。随着教育改革的纵深推进，教育部已经颁发《关于进一步推进高中阶段学校考试招生制度改革的指导意见》(教基二〔2016〕4号)，单独学业质量评价将成为历史，构建适合立德树人的综合素质评价体系是必经之路。

第一节　构建适合全面个性发展的综合素质评价

依据《上海市进一步推进高中阶段学校考试招生制度改革实施意见》(沪教委规〔2018〕3号)、《上海市初中学生综合素质评价实施办法》等文件要求，初中学生综合素质评价内容主要有四个板块：品德发展与公民素养、修习课程与学业成绩、身心健康与艺术素养、创新精神与实践能力。

品德发展与公民素养：重点记录学生遵守日常行为规范方面的表现，包括社会实践活动(社会考察、公益劳动、职业体验、安全实训四项内容)、雏鹰争章、团队等德育活动，先进个人荣誉称号、参加国防、民防活动奖励等内容。学生社会实践活动采取学校组织的形式进行，开学初制定计划，原则上以校内和市区的校外综合实践场所为主要实践阵地，鼓励教师和学生创新社会实践活动方式，活动信息每学期由学校统一录入。初中学段社会实践活动的总课时分配(表6-1)。

表 6-1　初中学段社会实践活动的总课时分配表

社会实践活动	社会考察	公益劳动	职业体验	安全实训
课时分配 平均每学期	136 课时 2 天半	80 课时 1 天半	32 课时 半天	24 课时 初中阶段共 3 天

修习课程与学业成绩：重点记录基础型课程成绩，拓展型和探究型课程学习经历，学生学业水平考试结果等内容。基础型课程成绩采用每学期学生期末考试成绩(采用分数+等第相结合的方式)，由学校统一录入信息管理系统；拓展型和探究型课程主要记录学生初中期间参与的课程学习活动，包括学校开设的拓展型探究型课程及参与的课题或项目，通过《上海市学生成长记录册》告知家长，并由学校每学期统一录入信息管理系统。

身心健康与艺术素养：重点记录《国家学生体质健康标准》测试结果，参加体育运动、健康教育、艺术活动等活动的经历及表现水平等情况。学校根据实际情况，确定记入"上海市初中学生综合素质评价信息管理系统"的校级团、队等德育活动，体育比赛，健康教育活动，艺术活动，艺术社团，科技活动，明确活动或比赛的评价方法，教导处、德育处、团队通过网站、微信公众号或印发纸质材料，召开班主任会议、家长会等形式进行活动内容告知。每学期由学校统一录入信息管理系统。

创新精神与实践能力：重点记录学生参加探究学习(探究性学习报告、科学实验报告、社会考察报告、创新作品说明四选一)、社会考察、科学实验、文学创作、科技活动等方面的过程和成果。学校根据不同年级学生的年龄特征设定不同的探究型课程目标，在六、七年级开展联系生活，发现问题，学会解决问题的探究学习体验课程。在七、八年级开展探究型学习导师制，指导学生自主探究，培养学生的创新思维和素养。结合科技节活动为师生提供成果展示平台，借助课程网络管理平台和学生发展银行积极探索过程性管理和评价方式，更好的促进学生综合素养的提升。

根据学校的实际情况，结合综合素质评价要求，将每个年级的课程设置与评价建立关系(表 6-2)。

此外，我们不仅要对学业水平进行结果性评价，还要对学生成长过程进行记录性评价，对学生个性发展进行鼓励性评价。我们坚持常规评价的同时，开发了成长记录性评价和个性激励性评价，让评价方式更加多元。

表 6-2　鞍山实验综合素质评价与课程

<table>
<tr><td rowspan="3"></td><td colspan="4">品德发展与公民素养</td><td colspan="2">修习课程与学业成绩</td><td colspan="2">身心健康与艺术素养</td><td colspan="2">创新精神与实践能力</td></tr>
<tr><td>社会考察</td><td>公益劳动</td><td>职业体验</td><td>安全实训</td><td>基础型课程</td><td>拓展型探究型</td><td>体质健康</td><td>比赛与活动</td><td>学习报告</td><td>科技活动</td></tr>
<tr><td>136 课时
平均每学期
2 天半</td><td>80 课时
平均每学期
1 天半</td><td>32 课时
平均每学期
半天</td><td>24 课时
初中阶段共
3 天</td><td>初中段保持一致，由学校统一录入</td><td>学校开设/专题教育记录在拓展型课程中</td><td>市教育部门统一录入</td><td>市区校比赛与活动（学校录入校级比赛）</td><td>探究性学习报告/创新作品说明</td><td>青少年科学研究院或青少年科学创新实践工作站及校级活动（学校录入校级活动）</td></tr>
<tr><td>六年级</td><td>春秋季社会考察/入学教育/人文行走</td><td>值周班/志愿者服务半天</td><td rowspan="4">主题教育＋学科教育＋实践活动</td><td>疏散演习/入学教育/安全体验</td><td rowspan="4">语文/数学/英语/物理/化学/科学/音乐/美术/艺术/体育/历史/地理/社会/劳技/生命科学/信息技术/道德与法治</td><td>探究学习方法指导
自主选修拓展课程</td><td rowspan="4">体质健康监测及健康教育午会</td><td>跳短绳竞赛/运动会合唱队/艺术节</td><td rowspan="4">社会考察报告/课题研究报告、创新作品说明</td><td>科技节
科技社团</td></tr>
<tr><td>七年级</td><td>春秋季社会考察/人文行走</td><td>值周班/志愿者服务半天</td><td>疏散演习/安全体验</td><td>自主课题探究，形成报告
自主选修</td><td>跳长绳竞赛/运动会/合唱队/艺术节</td><td>科技节
地理拼图竞赛
科技社团</td></tr>
<tr><td>八年级</td><td>秋季社会考察/14 岁生日</td><td>值周班/志愿者服务半天</td><td>疏散演习/安全体验</td><td rowspan="2">拓展课程</td><td>篮球竞赛/运动会/艺术节</td><td>科技节
物理竞赛</td></tr>
<tr><td>九年级</td><td>春秋季社会考察</td><td>值周班/志愿者服务半天</td><td>疏散演习/安全体验</td><td>拔河竞赛/运动会/艺术节</td><td>化学竞赛
科技节</td></tr>
</table>

第二节 “发展银行”储蓄学生的成长

“学生发展银行”就是采用模拟储蓄的方式，对学生的社会参与(指社区和校级志愿者服务情况等)、自主发展(指个人品行，特长发展，荣誉奖励等)、文化修养(课程参与情况等)等三个模块，以积分的形式进行记录储蓄，存入存折，鼓励学生为成长增值。发展银行的理念是：“储蓄四年的成长，为终生发展增值。”

上海市鞍山实验中学“学生发展银行”章程

第一章 总则

第一条 为了进一步提高学生的全面综合素质，特建立鞍山实验中学“学生发展银行”。

第二条 鞍山实验中学“学生发展银行”，采用模拟储蓄的方式，对学生的社会参与、自主发展、文化修养等方面进行激励，以积分的形式进行储蓄累积，存入存折，从而激励学生成为“勇于负责，善于学习，团结协作，身心健康”的未来合格公民。

第三条 “学生发展银行”通过三大模块对学生进行评价，模块包括：社会参与模块(指社区和校级志愿者服务情况等)；自主发展模块(指个人品行，特长发展，荣誉奖励等)；文化修养模块(指课程参与情况等)，从不同角度体现公民的核心素养。

第四条 鞍山实验中学“学生发展银行”，采用模拟储蓄的方式，将班级的荣誉以积分形式进行储蓄累积，存入存折，鼓励班集体积极参与学校、区、市、全国等各级各项活动，从而促进班级集体凝聚力的提升。通过激励策略，将学生的荣誉以积分形式进行储蓄累积，存入存折，鼓励学生成为未来合格的公民。

第二章 “学生发展银行”存折的使用原则

第一条 上海市鞍山实验中学“学生发展银行”的存折由学校统一定做。如无特殊情况，不再补办。补办时需写一份申请书，经班主任审核同意，并凭以往申领贴花的历史单据，进行贴花的申领。

第二条 上海市鞍山实验中学“学生发展银行”存折只限于本校在读学生与班级使用。每位同学都可申领自己的存折，应爱护使用，妥善保管，不得转借、转让别人。每班于入学教育开始由学校统一发放班级行卡，由班级分行行长负责管理。

第三条　上海市鞍山实验中学"学生发展银行"储蓄存折存期四年。个人储蓄积分可在学期评优、入团、评定品德等第、优秀毕业生推荐等方面作为参考依据使用。班级储蓄积分作为集体评优的重要依据，以此激励学生和各班集体为学校的发展提供精神动力，为自身的发展留下闪光一页。

第三章　"学生发展银行"的储蓄计分方法

第一条　素质储蓄分别用不同面值的贴花作为资金，分为1—10万分10个量化等级面值。

第二条　如学生各方面表现突出，对学校有特殊贡献或获得国家级的荣誉称号，并能形成一定社会效应的，奖励面值为10万分的贴花；获市级荣誉或表彰的，奖励面值为8—9万分的贴花；获区级荣誉或表彰的，奖励面值为6—7万分的贴花；获社区、街道、居委荣誉或表彰的，奖励面值为4—5万分的贴花；获校级荣誉或表彰的，奖励面值为2—3万分的贴花；获班级荣誉或表彰的，奖励面值为1万分的贴花。

第三条　如班级集体各方面表现突出，对学校有特殊贡献或获得国家级别的荣誉称号，并能形成一定社会效应的，奖励面值为10万分的贴花；获市级荣誉或表彰的，奖励面值为8—9万分的贴花；获区级荣誉或表彰的，奖励面值为6—7万分的贴花；获社区、街道、居委荣誉或表彰的，奖励面值为4—5万分的贴花；获校级荣誉或表彰的，奖励面值为2—3万分的贴花；获年级组荣誉或表彰的，奖励面值为1万分的贴花。班级学生一学期可统一申领一次班级所获得最高荣誉的个人贴花，由分行行长代表班级学生提出申领，班主任审核，统一分发。

第四条　班级基本岗位，例如多媒体管理员、卫生员、搬运饭盒员、值日生、课代表等(不包括中队委员)，班级可根据岗位服务的实际情况考核，对不同岗位上的优秀学生进行表彰，由分行行长提出方案，由班主任审核名单，每学期可申领一次面值为1万分的贴花。

第五条　校级基本岗位，如校鼓号队员、行为规范督察示范员、安全文明志愿者等，总行根据岗位服务的实际情况考核，对不同岗位上的优秀学生进行表彰，每学期可申领一次面值为1—2万分的贴花。

第四章　"学生发展银行"储蓄贴花申领、发放方法

第一条　储蓄贴花的获得由个人或班委申报，分行讨论并上报"学生发展银行"工作委员会批准发放。(填写申报表格)

第二条　学生个人所获得的班级荣誉或表彰由分行讨论发放，每学期报总行备案

1 次，每人每次可获得 1 万分贴花，分行每学期对班级个人审批权限为 2 万分，超过 2 万分的部分由分行向总行提出申请，学生个人所获得的校级及校级以上荣誉由总行讨论发放。

第三条　班级集体所获得的荣誉或表彰统一由总行讨论发放。

第四条　荣誉可延迟一年申领，隔年不能申领。

第五章　“学生发展银行”的管理机构

第一条　学校专设上海市鞍山实验中学“学生发展银行”总行工作委员会，由学生团队干部组成，设行长 1 人，副行长 4 人，各分行行长为总行委员会成员。

第二条　“学生发展银行”由分管德育工作的校领导担任顾问，德育主任、团队老师担任工作指导。

第三条　分行以班级为单位，设分行行长 1 人，可选任分行委员会成员若干，由班主任担任分行顾问，指导工作。

第六章　附则

第一条　本章程自少代会通过之日开始实施。

第二条　本章程的解释权归鞍山实验中学“学生发展银行”总行工作委员会。

【案例】　发展银行——为成长储蓄增值

（执笔：张倩）

有种现象：教学只关注结果，少关注过程；德育只关注过程，少关注结果。或者说，教学只看结果，较少关注过程与成本；德育只看做了什么，却较少关注目的与成效。德育重“形式宏大”轻成果实效现象的出现，其背后的核心问题是德育评价问题。鞍山实验中学为了探索德育过程性与增值性评价问题，开发了“学生发展银行”。模拟银行储蓄作为学校德育评价创新的切入口，意在为学生道德实践、特长爱好、荣誉奖励等存储积分，激励学生“做精神上的百万富翁”。

一、发展银行的发展过程

“学生发展银行”研发的初衷是对“德育积分制”的一种尝试，设想通过德育积分，激励学生自主发展。校大队部发动学校师生参与，从“发展银行”的命名到章程的制定、从学生自主管理模式的确立到“成长存折”“储蓄贴花”的设计，都饱含了教师的悉心指导与学生的倾情参与。

这种由学生自主管理，过程累加、长期存储的德育评价，大大激发了学生参与德育活动的积极性。但是在实施几轮之后，发现学生获得"储蓄贴花"机会相对较少，评价结果的运用不够充分，这样制约了评价的导向与激励作用。为此，通过少代会广泛听取师生意见和建议，进一步拓展贴花积分申领面，将在社区、校级、班级各种实践岗位的表彰等纳入贴花积分范围，让更多的学生可以通过努力得到贴花；修改了成长存折及储蓄贴花设计图案，使其更具时代气息；完善了发展银行评价的模块，使其顺应德育评价的新要求。修改完善后的"发展银行"评价体系，充分结合学生日常行为和综合实践活动，一种更能体现学生综合素养的评价方式破茧而出，有以下两大特点：

全程关注，让评价融入课程。凭借"储蓄贴花"这一看得见、摸得着、可操作、可兑现的奖励方式，将评价融入课程，激发学生参与课程的积极性和主动性。如学生在基础性课程中，能保持认真学习、积极进取的态度，就能在学期末获得相应贴花，在无形中促进了勤学善思良好学习品质的养成。

全程育人，让评价以人为本。既彰显学生个性特长的发展，也关注学生团结协作、诚信友善等优良品质的养成。如学校及时肯定学生日常行为的点滴善行，鼓励他们参与各类志愿服务，让他们在劳动中学会与他人合作，提高工作能力，提升服务意识。使学生意识到即使没有才华过人，也可在集体中找到适合自己的岗位，通过劳动创造个人价值，通过服务为自己的财富增值。

二、发展银行评价的实施步骤

"学生发展银行"的存折由学生设计、学校统一定做，每位同学入校后都会得到一本存折，自己妥善保管，不得转借、转让别人。存期四年，记载在鞍实四年的成长足迹。

"学生发展银行"采用模拟储蓄的方式，对学生的社会参与(指社区和校级志愿者服务情况等)、自主发展(指个人品行，特长发展，荣誉奖励等)、文化修养(指课程参与情况等)三个模块，以积分的形式进行储蓄，存入存折，鼓励学生为成长增值。

学校专设"学生发展银行"总行工作委员会，由学生团队干部组成，设行长 1 人，副行长 4 人，各分行行长为总行委员会成员。"学生发展银行"由分管德育工作的校领导担任顾问，德育主任、团队老师担任工作指导。分行以班级为单位，设分行行长 1 人，可选任分行委员会成员若干，由班主任担任分行顾问，指导工作。

储蓄贴花的获得由个人申报，分行讨论并上报"学生发展银行"工作委员会批准发放。具体操作步骤如下：学生个人在分行行长及委员们的带领下填报申领表格，分行行长或委员代表班级同学于每周二中午，将申领表格及相关证明交至团队办公室，由发展银行工作委员会核实批准后发放储蓄贴花。

如学生小明本学期参与了校“同心”志愿者服务队，荣获“校优秀志愿者”称号。他须带好奖状原件，前往班级分行行长及委员处领取贴花申领表，填写相关信息。分行行长或委员汇总核实小明及班级其他同学申领信息，于周二中午前往团队办公室代表班级同学申领贴花。总行核实信息后，归还相关凭证，发放相应面额贴花，并将申领表按班级按模块归类存档。分行行长及时将贴花给到申领同学，并督促指导他们及时将贴花贴于“发展银行”指定模块。

三、发展银行评价结果的应用

每学期的结业仪式上，大队部公布发展银行光荣榜，表彰总积分及社会参与、自主发展、文化修养单项积分优秀者。通过升旗仪式、校(班)会课、团队活动等平台宣传展示学生典型事迹，为有才艺特长的学生搭设展示平台，促进学生高尚的思想品德及良好行为习惯的养成。

学校还将个人储蓄积分与学期评价、推优、入团等相结合。通过学生“发展银行”，储蓄学生四年的成长，激励一生的发展，为成为未来合格公民奠定基础。如将“学生发展银行”作为推优入团的评价标准之一，队员在三个模块中均须有积分，其中社会参与模块至少达到 8 万分，将热心服务、关心集体、德才兼备的队员吸纳到团的队伍中来。此外，学校将学生发展银行贴花的积分以 40%折算分数纳入学生推优(满分 30 分为上限)，鼓励鞍实学子既关注科学文化素质的提高，同时又关注思想觉悟、身体心理、劳动技能等各方面素质的全面提升。

“学生发展银行”将综合素质评价落到实处，使学生的知识、能力、觉悟得到全面提高；使学生的思想道德、科学文化、人格品质得以健康发展。通过对学生发展过程的关注和引导，在虚拟的“银行”中，融合课程、社团活动、志愿服务、各级活动、各类比赛等，让学生感受成长进步的愉悦，激励一批批鞍实学子成为“勇于负责、善于学习、团结协作、身心健康”的小公民。未来，学校大队部还将探索互联网＋与德育评价相融合的模式，开发“学生发展银行”电子平台，通过信息平台使评价更加快捷，并通过数据网络档案，实行学生综合素质评价动态跟踪，以客观的数据分析为学生发展指明努力的方向。

第三节 “校园之星”让每一位学生拥有评价自己的“尺”

1. 评价的困惑

2013 年初三模拟考试之后，学生 K 的学业成绩距离中考合格还有一段距离，我帮助他辅导数学。在辅导过程中，我发现这位同学有一项艺术特长——雕刻，能在鸡蛋壳上雕刻精美的图画。他非常渴望能有机会展示自己的特长并得到认可。家长把孩子作品拿来给专业教师欣赏鉴别一下，就十分满足。可是，这位学生在学校四年，我了解的是他语数外学科学习比较困难，却不了解他学科之外的艺术学习特长。

这件事，总让我觉得哪里有点问题：如何让学生的各种特长得到认同？如何通过激励个性特长，促进学生全面发展？如何让教育评价更加多元，以适合每个学生的发展？……

2. 实践探索

于是，我找来教导主任商量，如何让有差异的学生得到适合他的评价方式？教导主任回答说：“中考是一份试卷，我们有什么办法肯定学习困难生？”言下之意是，没办法。

然后，又找来德育主任商量。她回答说：“学校有很多评选学生的路径（如三好学生、学习积极分子、劳动积极分子、体育积极分子等），学生应该有很多可以得到肯定的机会。”但是，我总觉得有哪里不对。这些给予命名的评选，是教师设置了一把尺，来衡量学生的表现，从而推选出积极分子。

能不能创造出更多的尺，甚至是每一位同学都有一把适合自己的尺，来促进自己的发展。基于此，我们尝试评选校园之星。

于是，我们改变原来给定命名（学习积极分子、劳动积极分子、体育积极分子等）——制定标尺——衡量学生——推选出积极分子的评价方式，取而代之的是评选“校园之星”。由学生自主命名——个人申报——同学推荐——班主任认定，定期表彰。评选办法为：

（1）学生自荐，填写自荐表，并且自己命名，填写自荐的理由和星语心愿。

（2）班级推荐，班主任同意，并填写老师寄语。

（3）学校表彰，海报展示。

于是，出现了进步之星、谦恭文雅之星、责任之星、礼仪之星、服务之星、值日之星、整洁之星、篮球之星、艺术雕刻之星……也有学习之星、体育之星等。这样就创造出更多的尺，甚至是每一位同学都有一把适合自己的尺，以适合学生的标准来评价。

双胞胎的工作之星（故事）： 一对双胞胎兄弟因学习不太自觉，总是被老师留下来补交或订正作业。所以，每天最后离开教室的是他们，也是他俩把教室的门窗关好。初二时他们申报了劳动之星。申报理由是每天坚持关教室的门窗。

根据他们的申报理由，班级的同学们都一致推荐，老师同意并建议改为责任之星。

两年多来，双胞胎兄弟坚持关好教室的门窗，他们的行为值得同学和老师的尊重，也得到了老师和同学的肯定，顺利地评为校园“责任之星”。他们俩也由此责任，迁移到学习责任。后来，对自己的学习也更加负责，并不断进步。如果没有校园之星，也许他们也很难评为传统的各种积极分子。

3. 分析反思

在评价方式上，自主命名的校园之星与积极分子的区别是：(1)给定的名字——自己选择的名字。(2)直接选举产生——自荐与推荐结合。

评价方式不同的背后是“单一标准”与“多元标准”的评价区别；“被动接受”与“主动发现”的评价区别。评析：(1)“单一结果”目标明确，“一把尺”容易认同，“直接选举”操作简单。(2)“无固定结果”可以给不同学生以机会，“多把尺”以适合学生的标准来评价，“自我发现”激发内驱。透射的教育价值是——创造适合学生发展的教育。

针对“校园之星对学生的个性发展起到了哪些积极作用”的访谈中，老师和学生曾这样表述：

生：学生更加自信。

　　让自己更加了解自己。

　　希望评上校园之星就会努力。

　　……

师：希望成为校园之星的愿望比较强(低年级)

　　校园之星可以激励同学顺应个性，多元发展

　　……

案例　从“睡神”到“劳动之星”的转变

——校园之星评选促使学生成长的案例

（执笔人　金莉）

一、案例背景

1. 学生情况

小鹏同学自升入中学后，由于学习的底子薄，再加上自身的懒惰，导致他在学习上非常吃力，到初一下学期开学的时候已经完全丧失了学习的兴趣。每天早上从早自修开始，倒头就睡，有时候甚至睡得错过了大课间活动，还曾因为睡觉错过了午餐时间，极度缺乏上进心和时间管理的意愿。

同一学习小组的同学一直想要帮助他，每当发现他睡觉的时候，都试图叫醒他，可是小伙伴们发现他越来越难叫醒，有两次数学课上，还打起了呼噜，影响到了其他同学，同学们称他为“睡神”。他渐渐失去了与同学们互动的意愿，在教室里的他，显得形影单只。

开学不到一个月，门门功课都亮起了红灯。

2. 班级情况

初一下学期，班级里开展以“劳动教育”为主题的各种活动，打造“教室卫生无死角”的“扫除道”活动。虽然活动成效明显，但是，教室里总有一些地方时间久了再次堆积了粉笔灰，或是不小心弄脏了，没能及时打扫。就这样，班级里缺少一位会劳动，能够发现“死角”的卫生侦查员。

与此同时班级赶上了“上海市垃圾分类”的推进期，各小组设计了很多丰富多彩的活动宣传、普及垃圾分类的知识。但是实施起来，还是有一些困难，总有一些垃圾进错了垃圾桶，设立一位“垃圾投放指导员”显得十分必要。

二、从“睡神”到“劳动之星”的转变

一天室内课间操期间，小鹏同学睡得正酣，全然不顾已经开始了的室内操，他的桌子和前面同学的桌子离得老远，桌底下还掉了几团用过的纸巾。我皱着眉头走过去，轻轻地拍醒了他，示意他把地上的纸团捡起来扔进垃圾桶。

他睡眼惺忪地捡起纸团走向垃圾桶，却在垃圾桶前犹豫着不敢丢。我心想：“他应

该是还没搞清楚怎么分类。"在大家的注视下,他有点手足无措,我顺势说:"看来,我们班急需一位'垃圾投放指导员',如果大家有不清楚的分类,可以有人及时指导。就像现在,需要有人告诉小鹏,用过的纸巾是干垃圾,这样他就可以正确投放了。作为奖励,到学期末可以参选我们班级的校园之星哦! 有人愿意吗?"

一旁的同学说:"小鹏可以试试,培训后上岗!"其他的同学也点头同意。我认真地问小鹏:"你愿意试试吗?"他满脸笑容,用力点头。"可是,指导员需要每节课下课都准时出现在垃圾桶旁边,你万一睡着了错过了,怎么办?"他说:"老师你放心,我保证自带闹钟!"

全班哄笑……"那谁愿意给小鹏紧急培训一下垃圾分类的知识,快速上岗呀?"我笑着问班级里的所有同学,我知道他们当中有很多"高手"。"老师,我把我设计的小游戏陪他玩几轮,强化培训,肯定能顺利上岗。"他的组长总是那么热心地想帮助他,这一次又第一时间站了出来。"好,那我们就聘任小鹏同学做我们的垃圾分类指导员,试用期两周!"在一阵掌声中,他涨红了脸,走回了自己的座位。

从那天起,他不再整天整天的睡觉,下课的时间总能及时出现在垃圾桶旁,和前来丢垃圾的同学打趣几句,玩起"垃圾大抽奖"的游戏。他还自制了PPT,在十分钟队会上做宣讲。看得出来,他喜欢这个任务,他通过这个工作,重新找到了与同学们的链接。在全班同学与他的共同努力下,我们班的垃圾分类推进得非常顺利,很快,大家都能分得清清楚楚,"垃圾分类指导员"要下岗了。

这一次,小鹏同学非常主动地寻找到了新的目标。每天到大课间活动,他都会主动地拿起扫把,代替我巡视整个班级的卫生,把教室前后容易积灰的地方扫得干干净净。还时常拿起抹布擦拭前后的桌柜、瓷砖。之前垃圾桶附近的卫生死角,也被他彻底消灭了。现在,他的"巡查"范围还拓展到了前门后门,走廊瓷砖,甚至是教室里的花花草草也得到了他的照顾……

之前懒洋洋的"睡神"不见了,班级里多了一个闪闪发光的"劳动之星"。

三、案例分析

每个班级里总会有那么一两个学生因学力不足而早早地失去了对学习的兴趣。这样的学生非常容易脱离集体,变得孤立。他们找不到自己在集体中存在的意义,从而发展成自暴自弃、放松要求、行为怪癖。从心理学角度讲,初中的学生最大的心理需求就是:被关注、被尊重、被认可,尤其是同伴的尊重和认可。如果有些同学不能在学习方面体验到成功和被认可，那么教师应该尝试从其他角度发掘学生的优点，让他们找到自己的“闪光点”，满足心理发展的需要。

本案例中的小鹏同学就是一个非常典型的例子，他从小学到初中，成绩一直不理想，已经对学习失去了兴趣。在学校的学习生活中，持续找不到兴奋点，导致厌学情绪严重，表现就是每天上课睡觉。他不知道应该做些什么，课上听不懂，同学们讨论问题又插不上嘴。慢慢地，与同学的关系越来越疏远，一个人蜷缩在自己的角落。就在这个时候，班主任老师看似轻描淡写，其实用意颇深，以“垃圾分类指导员”的身份，让他再一次走进大家的视线，平等地与同学们交流，满足了他被关注的心理需求。而他通过自己的努力，逐渐获得了同学们的认可，在显性活动目标达成后，他又积极主动地为自己找到了新的任务，这说明他已获得了自身发展的动力，能够使自己不断地被需要，被认可，以实现自身的价值。最后他获得了本学期的“劳动之星”，得到了所有人的尊重。暗淡无光的学习生活，因为积极的参与劳动，变得星光熠熠。这应该就是校园评奖活动最需要的结果吧。

“校园之星”就是以评选发掘学生闪光点的最好评价方式。有时，学生们需要的是一个努力的方向，一个被认可的理由。而我校的校园之星评选活动恰巧不拘泥于品类，只要学生有任何的闪光点，都值得被肯定，被尊重。评选的过程就是促进学生发现自我优势的过程，而这种教育就是最能满足学生心理需求发展，让学生们感受被鼓励，被认可。

正如德国教育家阿道尔夫·第斯多惠所说：“教育的艺术不在于传授知识，而在于激励、唤醒、鼓舞。”作为教师，我们应该在更多的活动中发掘学生在智慧、情感、性格等方面的特点，让学生的自我的精神力量焕发出来，促使学生的发展取得更大的成效。

第七章　推进适合专业发展的“教师课堂”

“适合的教育”需要有高素质专业化创新型教师队伍为保障。同时，“适合的教育”也是以成就教师专业发展为目的。为此，我们以“优化两个课堂，成就两个发展”为办学策略。其中，“两个课堂”即学生成长的课堂和教师专业发展的课堂。

第一节　教师教育的问题与思考

1. 教师教育的瓶颈

随着对教师专业发展认识的深入，教师教育的重心也逐步下移，学校逐步成为教师专业发展的关键。理论上最好的教师培训，是依据教师的需要而设计的个性化培训，现实中却很难做到。其实，教师的每一项专业活动都是教师专业发展的有效路径。每一所学校都尝试通过各种活动，促进教师的专业发展。例如：阅读沙龙、教育科研、集体备课、教学展示、听课评课、专家指导和专题报告、日常的备课、上课、作业、辅导、评价。通过这些活动开展教师研修已成学校的常规工作，但是，随着教师研修工作的深入实施，教师教育工作逐渐遇到了瓶颈。主要表现：

(1) 活动形式——各种专业活动之间缺乏联系，往往是离散的，这样不容易聚焦，难以发生专业成长突破。

(2) 活动主体——个体独立的活动多，团队协作还不够，这样难以实现教师团队的整体改进。

(3) 研修内容——关注理念策略的多，关注具体实践问题改进少，面对“不贴肉”的研修，理念与行为脱节，教师缺乏学习的动力。

(4) 研修过程——关注培训本身的多，关注成果转化少，培训成果不能落地。

由此导致：教师面对各种形式的研修活动疲于应付；有限资源的校本研修难以满足教师专业发展的多元需求；面对“高质量”的培训时，教师常常激情四射，但是回到课堂却涛声依旧……如何将离散的专业活动，形成聚焦于实践改进的群体教师专业发展系统，这已成为工作的难点。

2. 学校发展的需要

上海市鞍山实验中学的办学理念是“构建适合的教育，成就师生的成长”。发展愿景是“成长的沃土、成功的摇篮、精神的家园”。办学策略是“优化两个课堂，成就两个发展”（“两个发展”即学生的成长和教师的专业发展，与之对应的“两个课堂”即学生成长的课堂和教师专业发展的课堂）。形成了“理念・愿景・策略”的办学系统（如图7-1），两个课堂的联系纽带就是育人目标，让两者相互融合、互动共进。

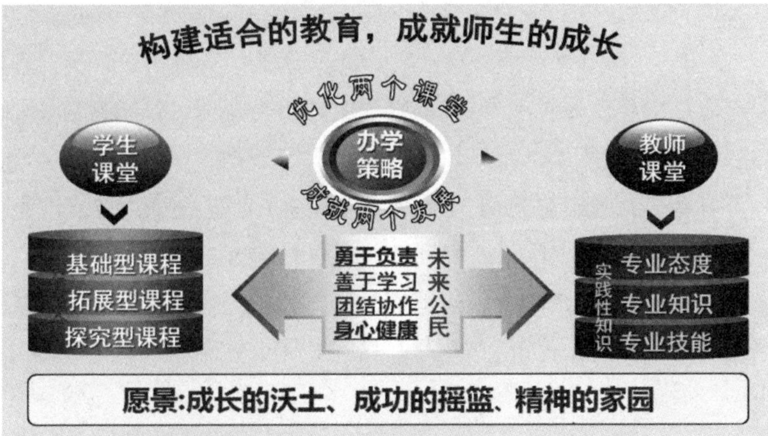

图7-1　办学系统图

如何确定聚焦“学生课堂”的教师研修主题？如何组织各项专业活动，形成教师专业发展系统？如何形成序列化、系统化的研修主题，持续深化教师的专业研修？需要从“两个课堂”之间的关系层面完善办学系统。

3. “教师课堂”的策略

在一段时间内，学校针对某项教学改进，形成共同的研修主题，围绕研修主题，将教师的所有专业活动组织起来，通过有针对的理论学习，反复的实践反思和分享交流，让教师的每一个专业活动，形成有序的、聚焦的群体教师研修活动，即“教师课堂”。

构建“教师课堂”的基本策略是“两个贯通”（如图7-2）：

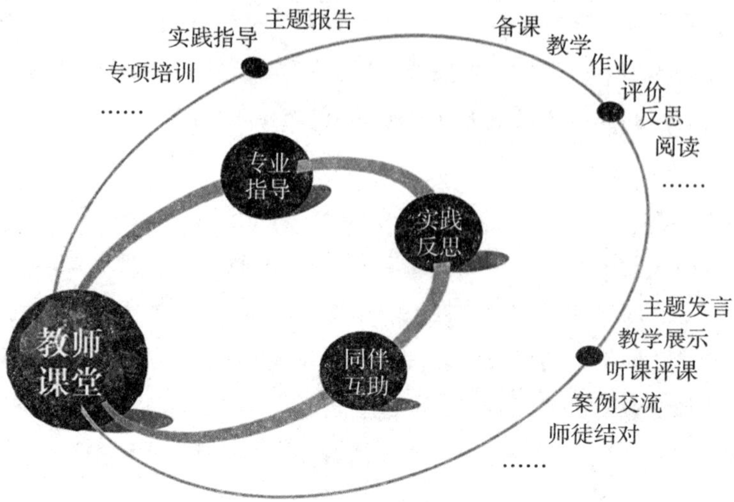

图 7－2　教师课堂的基本框架

第一个贯通是将学校的各项专业活动（如主题报告、实践指导、日常教学和教研活动等）贯通起来。

第二个贯通是促进教师将自身的专业发展路径（专业指导、实践反思、同伴互助等）贯通起来。

贯通这些专业活动的线，就是研修主题，即教师课堂的课程内容。那么，如何寻找贯通专业活动的线？如何实现贯通的教师研修？

第二节　“教师课堂”的实践

1. 研修主题化

教师课堂不只是设计好课程内容，对教师进行培训。更是立足于问题，为了问题解决，不断地改进行为，提升专业素养的过程。我们确定研修主题的基本程序（如图 7－3）：①通过听课、访谈调研、初定研修方向。②邀请专家与教导处、德育处、年级组和教研组的老师共同讨论、提炼研修主题。③围绕主题，开展研修活动。④根据研修过程，形成新的研修方向。

这样确定的主题，有利于激发教师自主学习和行为改进，有利于贯通教师的专业活动。

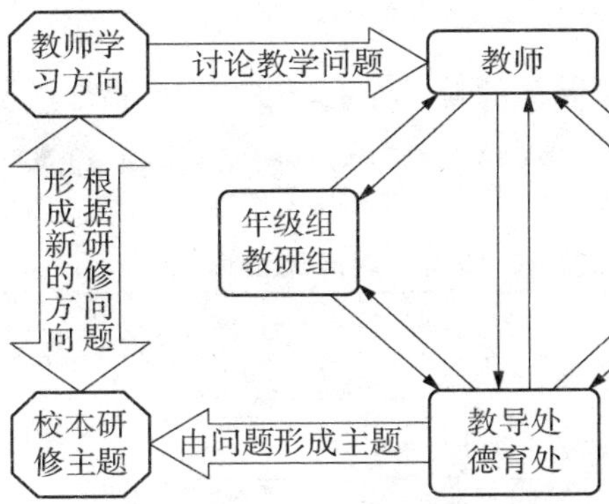

图 7-3　校本研修主题形成过程

2. 主题序列化

从“教师课堂”的提出到构建、完善和优化，研修主题也从开始关注教师教的行为改进的研修，到关注学生学习指导的研修，再到关注育人价值引领的研修，我们形成了序列化的研修主题。

(1) 关注“教”的系列，突出教学基本环节

第一阶段，我们突出教学基本环节，根据教师的教学行为，开展基于教学行为改进的系列校本研修活动(见表 7-1)。

表 7-1　课堂教学与班主任工作研修主题

	教学行为	研 修 主 题
课堂教学	确定目标	《有效设计教学目标，促进学生的全面发展》
	教学导入	《有效设计教学导入，诱发学生的学习动机》
	教学提问	《有效提出教学问题，激发学生思维的积极性》
	学生活动	《有效开展课堂教学中的活动，促进学生主动学习》
	学习训练	《有效设计学习训练，切实减轻过重的课业负担》
	学习评价	《有效实施教育即时评价，激发学生的学习潜能》
班主任	班干部会	《策划组织班干部会的辅导》
	主题教育	《主题班会的策划与设计指导》
	学生座谈会	《学生座谈会的策划与实施指导》
	个案分析	《学生个案分析与学生家访指导》
	家长会	《如何开家长会》
	德育课程	《德育单元课程的策划与实施》

（2）关注“学”的系列，突出学生的学习

第二阶段，我们从大家一致认同的自学入手，开展“如何指导学生预习——设计导学”。然后，围绕“预习后，如何教”即“先学后教”开展了系列的校本研修（见表 7－2）。

表 7－2　以学定教，以教导学

学习行为	教学行为	研修主题
预习活动	导学设计	《如何通过预习作业指导学生预习》
		《导学案的设计与使用》
质疑与解惑	先学后教	《学生先学后，如何实施课堂教学》
		《先学与后教的课堂组织方式》
		《适用先学后教的教学内容研究》
		《先学后教课堂教学要素——学、议、练、讲》
		《先学后教案例研究》

（3）关注“人”的系列，突出价值引领

第三阶段，“教师课堂”从教师专业“技术”的研修课堂，发展为突出以价值取向引领教育行为的研修课堂。我们以“构建适合的教育，成就师生的成长”为价值引领。对于课程设置，要让目标更适切；对于课程内容，要让学习有选择；对于课程实施，要让教学遵循规律；对于课程评价，要让评价呈现绿色。

以关注“人”为核心，将课程设置、课程实施、课程评价、课程保障等系统整合起来，形成项目链，聚焦“基于标准与学生的教学改进”主题研修。目前，活动还在进行中，如学校现阶段开展的“基于课标和学生的教学改进”的主题链设计（如图 7－3）：

那么，如何促成贯通呢？

3. 实施单元化

教师课堂的每一个主题的研修，都通过“四位一体”的单元推进。即：

“思”中学——主题报告。通过主题报告，来实现专业引领，唤起对已有实践和将要实践的反思。

“做”中学——教学实践。每位教师都围绕研修主题，开展公开教学的听课、说课、评课活动，以促进行为改进。

“议”中学——主题分享。每位教师都针对研修主题、在教研活动中作主题发言或实践案例交流，以深化教师的学习。

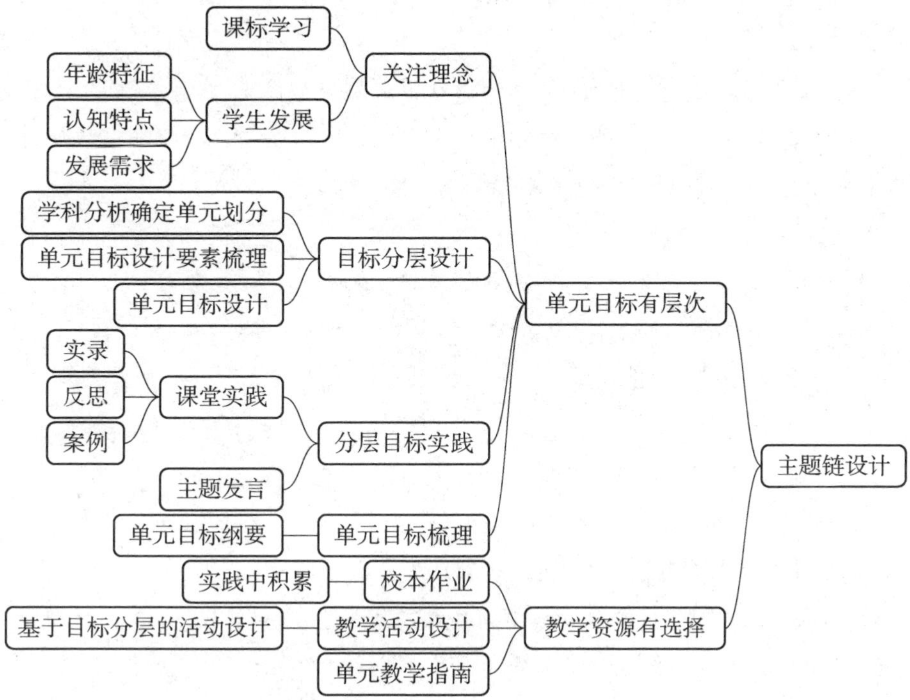

图 7-3　基于标准与学生的研修主题链

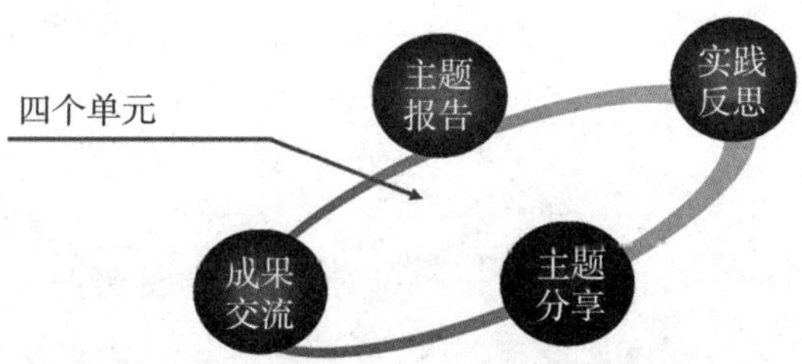

图 7-4　教师课堂一单元整体推进

“写”中学——成果交流。每位教师都结合研修主题撰写一篇教学案例，在教研组内进行相互交流，并进行全校表彰分享，以升华思考。

每一个研修主题，都经历“四位一体”的研修过程，教师不仅仅是听一个报告。“四位一体”研修活动，基本上将学校的各项专业活动和教师专业发展的路径贯通起来，形成研、训、教一体化的教师课堂基本框架（如图 7-4）。

实践举例:《教学提问主题研修案例》

【背景】

教学能否引起学生的深度学习,问题设计至关重要。但是,在日常教学中,提问存在不少误区(随意、碎片、指向不明等),缺少精心设计。于是,我们开展《有效设计教学问题,激发学生思维的积极性》为专题的校本研修活动。

【实施】

确定好学期校本研修的主题之后,我们采用"四位一体"单元推进。

(一)"听"——主题报告

开学初,作一个关于"提问设计"的主题报告。主要内容包括:问题设计的重要性、问题设计的原则、课堂提问的误区等。

可以想象,如果只有主题报告效果会是怎样?

(二)"做"——教学实践

每位教师都要围绕"提问设计"上一节公开课。评课时,上课教师要重点说明,这节课设计了哪几个问题,实践的效果如何。评课教师根据课堂实践,讨论问题设计好在哪,遵循了什么原则,问题在哪,违背了什么原则,如何修改。

> 例如,《圆周率》这节课,
>
> 老师:"同学们,你有几种方法可以测量圆的周长?"
>
> 生1:2种。
>
> 师:不对。
>
> 生:3种,4种,……

评课时,一位老师提出,这个问题设计违背了"课堂提问的目的性原则"。如果改为"你有哪几种方法,可以测量圆的周长?",也许就不会出现猜答案的现象。

(三)"说"——主题分享

教研组的教研活动,也围绕提问这个主题,每次都有一位教师做主题发言。可以介绍学习的心得,或者一次实践案例。

这样围绕提问的"做"和"说",一个学期下来,大概就有十多次。也许改变就开始发生……

(四)"写"——成果交流

学期结束,每位教师都要围绕"提问",撰写一篇教学案例,在教研组内进行交流评选，推选出优秀课例。然后全校表彰交流，并汇编案例集。同时，将提问的研修成果，编入学校课堂评价量表，作为教学管理制度。

4. 内容系统化

“教师课堂”：从“小”的专业研修的课堂拓广到“大”的教师成长的课堂，将职业幸福培育融合到专业素养提升的过程中。以“主题论坛”“主题活动”“专业研修”三个板块的内容，形成了教师课堂的内容框架（如图 7 - 5）。从而丰富“教师课堂”的实践内涵，优化“教师课堂”，培育教师成长生态和校园人文生态。教师课堂的三个模块，即：

“主题论坛”——“适合的教育”之我践（见）。通过教工学习、组室研讨、党团员学习，开展“适合的教育”之我践（见）、身边成长故事的主题论坛，创新传播的路径，提升教师教育理念。

“主题活动”——教师人文与师德。结合传统节日和校园活动，设计关于提升教师师德素养与人文素养的主题活动，加强人文互动交流和组室团队建设，改善校园人文生态。

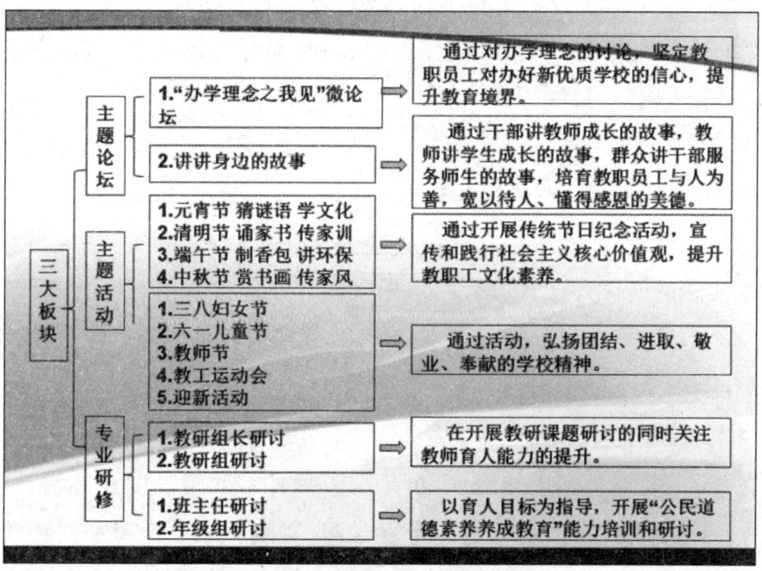

图 7 - 5　教师课堂的内容框架

“专业研修”——基于标准与学生的教学。立足问题，梳理专业研修板块的主题，形成校本研修主题链，将专业研修贯穿于学校教学实践项目过程中。

第三节 “教师课堂”的创新点

1. “教师课堂”,拓宽了教师教育的途径。

学校在推进素质教育的过程中,大家容易看到显性的“学生的课堂”,但学校还存在一个潜在的、不为重视、却非常重要的课堂——“教师的课堂”,从而为教师教育提供了新途径,也丰富了学校的教育功能。我们从教育实践的角度,用动态的、立体的观点分析教师的专业结构,便于寻求“教育理论”与“教育实践”有机融合的教师教育的路径。

2. “教师课堂”构建了教、研、训一体化的实践模式。

教师课堂,通过“任务”驱动自主学习;通过“活动”促进互助学习;通过“主题”贯通多元学习。有机地将校本研修、自主研修、校外培训和教学实践贯穿于一体,形成教师专业发展系统。为基层学校提供教、研、训一体化的“教师课堂”的实践模式。

(1) 以“任务”驱动自主学习

教师课堂在实施主题研修时,有三个层面的任务,个人层面、教研组和全校层面。其中,个人层面的主要任务是:上一节研讨课、做一次主题发言、撰写一篇实践案例。通过教学实践展示和教师主讲发言的任务,驱动教师开展自主学习,在完成任务或解决问题的过程中达成学习目标。

(2) 以“活动”促进互助学习

教师课堂有几项活动:教研组开展听评课研讨、主题发言、案例交流;全校组织主题报告、教研活动展示、研修成果交流。通过主题报告和课堂指导,达成与专家交互学习;通过教学实践的听课评课、主题发言,提供同伴互助;通过教学实践课例的撰写与交流,让教师个人的自我反思,转化为交互学习,并成为行动研究。通过系列“活动”将个人学习转化为团队互助学习。

(3) 以“主题”贯通多元学习

教师课堂不只是对教师进行培训,更是把教师日常的每一项专业活动,都作为一种学习方式。围绕研修主题,将专业指导性学习、实践反思性学习和同伴互助式学习联系起来。把学校的教学实践、教研活动、教学研究和教师培训等常规工作融合在一起。

3. “教师课堂”成就了教师,改变了学校。

在实践过程中,学校形成了“构建适合的教育,成就师生的成长”的办学理念和“优化两个课堂，成就两个发展”的办学策略。在“教师课堂”的实践过程中，成就了教师、学生和学校。伴随着教师课堂的构建与转型，教师的专业素养、培养学生的教育方式、学校的办学内涵等，都静悄悄发生了变化。

（1）教师成长

近几年，上海市教师专业发展学校验收评估都在优秀行列。教师实施新课程的能力不断提升，学校涌现出全国优秀教师、上海市十佳班主任等优秀教师代表。新增区学科名师 1 名，区学科带头人 2 名，区骨干教师 7 名，区学科中心组教师 6 名，最近一届上海市青年教师教学评优活动 6 门学科，有 3 门学科是我校教师代表杨浦区参赛……

（2）学校发展

伴随“教师课堂”的构建与优化过程，教师的专业素养不断提升，对口入学的学生由原先因择校流失到现在成为百姓向往的家门口好学校。学校从区行为规范“银座”校到上海市行为规范示范校；从区教育局文明单位到上海市文明单位（首届文明校园）。现在，学校是上海市教师专业发展学校、上海市新优质项目学校、上海市课程领导力项目学校，成长为市区品牌学校。

（3）辐射推广

学校以“教师课堂”成就师生成长的实践探索，逐步受到同行的关注。先后接待来自新疆、陕西、广东、贵州、北京、天津等地的校长和教师团学习交流。同时，鞍山实验中学成立教育集团和新优质集群，我们将“两个贯通”的教师课堂策略，推广应用到集团建设中，探索集团化构建教师专业发展系统。

第四节 “教师课堂”的思考与展望

1.“教师课堂”的个性化需求

教师课堂尝试将教师个体的专业差异转化为教师群体校本研修的资源，更多关注整体教师专业发展系统的建设与实践。但是，教师专业发展的需求既有共同性，也有差异性；既有专业的特殊性，也有通识的多元性。已有的教师课堂实践关注专业共同性多，关注差异性少；关注教师的专业性素养多，关注通识的人文素养少。今后，教师课堂还需要进一步关注不同年龄性别，不同发展阶段教师的差异需求。教师课堂需要进一步探索多层次、差异化、选择性，让教师课堂更好地满足不同教师多元发展的需求。“教师课堂”正在探索职初教师培养体系的构建。

2. “教师课堂”的专业发展自觉

无论是学生还是教师“最近发展区”“最佳发展路径”“最大发展效能”，都是相对的，是一种教育情怀与教育追求。“教师课堂”既要允许教师的差异，也要包容所谓的“落后”，更要激发教师的专业发展动力。“教师课堂”需要进一步探索，在教师专业发展的不同阶段，如何激发教师的专业发展自觉，让教师的专业发展与职业幸福感有机融合。“教师课堂”正在探索开拓多种主题实践活动，在活动中体验教师职业幸福，激发专业发展原动力。

我们正行走在教师课堂成就师生成长的路上……

第八章　优化适合师生成长的学校文化

“适合的教育”是国家立场、社会立场、区域立场与学校立场的有机统一，所有的“适合”汇聚于“学生”，成为适合学生的教育。这要求学校需要聚焦国家的核心价值，结合所处社会和区域的文化背景，培育适合师生成长的校园文化。

第一节　学校文化的构成

文化是一个非常广泛的概念，给它下一个严格和精确的定义是一件非常困难的事情。迄今为止仍没有获得一个公认的、令人满意的定义。所以，关于学校文化也有不同的理解。有人说：“学校文化是你身在其中而不知，离开了才知道它就在那里的东西。就像鱼儿在水中，不知水的存在，离开了才知道水对它的意义。”也有人说：“学校文化是你身在其中却不知不觉，偶尔走过却为之感动的东西。”还有人说：“学校文化就是学校的一件件事。”

这些理解似乎告诉我们，学校文化是难以言说的，它是个“东西”，但它是个无形的“东西”，用手触摸不到，它只能用心去感悟的。于是，让我们觉得很玄乎。好像什么都是，又好像什么都不是。于是，又有人把学校墙壁看成了学校文化的象征，似乎墙壁上贴的东西越多，这个学校的文化就越丰富。

我理解，学校文化核心是学校的价值体系，即学校的教育理念，以及将教育理念转化教育行动的学校行动纲要。学校的一切行动，都是为了将核心价值转化为办学的现实。其中，学校的环境文化，是行动纲要的载体或表达；制度文化是行动纲要落地的保障；师生的行为方式，就是行动纲要的行动化。而教室文化、师生关系文化、课堂文化、课程文化、教研文化……这些都是学校核心文化的具体表现。无论是物质文化、制度文化和行为文化，或是显性与隐性，只有抓住学校的核心价值，教育的本源，才可以抓住学校文化的源头。

1. 以核心价值引领现代学校制度

构建学校办学的核心价值系统。以“为了每个孩子都享有适合的教育”为价值追求，形成了“理念 · 愿景 · 策略”的办学系统(图 8－1)：

办学理念——构建适合的教育，成就师生的成长。

办学愿景——师生共同“成长的沃土、成功的摇篮、精神的家园”。

办学策略——优化“两个课堂”，成就两个发展。两个课堂，即学生成长的课堂和教师专业发展的课堂。

育人目标——“勇于负责、善于学习、团结协作、身心健康”的未来公民。

校训——厚德、博学、砺志、笃行。即，为人要厚德明理；为学要博学善思；为事要砺志笃行。

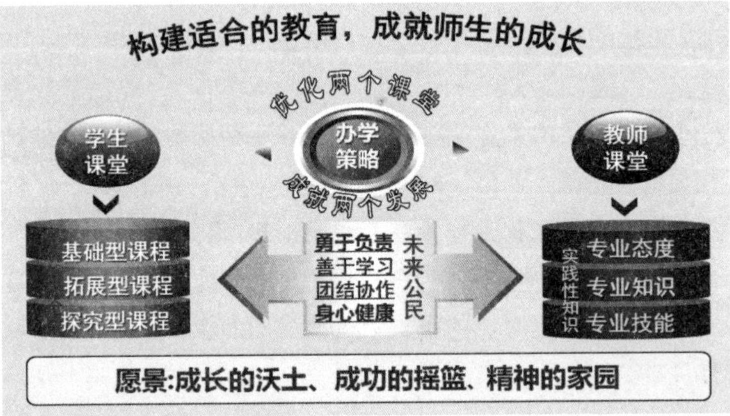

图 8－1

以学校章程和发展规划为指导，建设现代学校制度。通过学校章程明确学校的价值追求和办学系统。然后以章程为纲领，研制学校发展规划，梳理学校规章制度，及时废止与学校价值追求不一致的陈旧低效的制度。同时，将日常工作中具有指导性、长期性的有效科学的工作方式，作为制度并形成稳定的工作机制，建立民主健全的学校管理制度，构建和谐的学校、家庭、社区合作关系，推动学校可持续发展。

2. 建设适合师生成长的校园环境文化

优化学习与生活融合的校园环境。校园是每个学生和教师学习、生活和成长的地方，也是实现理想、放飞梦想的地方，合适的校园环境可以为师生带来温馨、舒适的学习和生活状态。校园文化的主体是人，校园整体布局的首要因素是人，人与自然、人与环境的统一是校园环境建设的出发点与归宿。例如，针对学校场地狭小专用教室匮乏的现状，以公共开放的走廊空间为基础，有机地将物理空间与网络环境、休闲放松与学习创新相融合，建设“艺术·科技·人文”创新实验室，促进创新型校园环境文化建设。以创新实验室为载体，开展系列课外活动，为师生提供了创造自我、展示自我的空间。让校园成为师生共同“成长的沃土、成功的摇篮、精神的家园”。

给场景赋值，让环境更有时空感。校园的一物一景都是蕴含或传递教育价值的途径和载体，是校园文化建设的重要组成部分和重要的支撑。但是，每一个物质实体本身并不包含教育价值，只有与师生的成长联系起来，才有鲜活的“触景生情”价值内涵。因此，我们通过对校园的物与景赋值，努力让校园的“一物一景”都与师生成长的重大事件联系在一起，校园才能洋溢人文气息。例如，“校园之星墙”。

3. 以核心价值引领的行为文化

行为文化是学校文化的重要组成部分，是学校办学理念、精神面貌、人际关系的动态体现，是师生在学校活动中所表现出的特有的观念、思维方式、行为规范等。“适合的教育”的教育理念，贯穿学校行为文化建设始终。“适合的教育”因尊重个体，而推动社群接纳和包容。“适合的教育”赋能于每个组织，基于尊重的对话和行动，让每个人都有机会表达自己，每个人都可以有所作为，去发现自己原本是什么样，怎么才能成为更好。将“适合的教育”的教育理念，转化为实现办学愿景的课程、德育、教学、评价等实践，然后具体为师生的行为准则，最后落实到教育行动，这是我们推进学校文化建设的重点。

教师案例：学校每学期都开展“讲述身边的故事”和“教育理念之我践”，讲述教师的教育智慧和师德实践，培育教师的行为文化。

学生案例：通过仪式教育、纪念日活动、社团活动等校园文化活动，渗透行为规范养成教育。

管理案例：当教育价值与行为实践冲突的时候，领导的选择将影响着学校文化的方向。

以“适合的教育”培育有利于师生成长的校园文化，让学校成为师生共同的“成长的沃土、成功的摇篮、精神的家园”。

第二节　推进学校文化的建设行动

上海市鞍山实验中学创建于2000年9月，是杨浦区的一所公办初级中学。学校以优化“两个课堂”，成就“两个发展”为办学策略，以“成长的沃土、成功的摇篮、精神的家园”为发展愿景。学校重视制度建设，完善基础管理，常规教育措施扎实。学校正在高位发展，现在是上海市文明单位、上海市中小学行为规范示范校、上海市教师专业发展学校。为了保障学校持续稳定的发展，进一步突破发展的高原阶段，需要文化引领。为此，制定《鞍山实验中学推进学校文化建设的行动计划》，以文化引领学校发展。

1. 问题分析

由于学校办学历史短，优秀文化积淀比较浅，学校容易受到外来文化的侵袭。同时不良文化也比较少，这有利于积极健康文化的培育。为了有效地提取、传承已有的积极文化，推进学校文化建设，我们首先对现有文化基础做一个分析。

表8－1　学校文化基础分析

因素	S(优势)	W(劣势)	O(机会)	T(威胁)
制度建设	制度比较健全，条块结构比较清晰。	对日常教育教学工作有指导作用的制度少。	通过教代会修订、完善制度，以制度保障日常基本工作。	过度依赖制度，管理就会僵化，失去活力。
管理文化	干部有一定管理经验，管理过程健康民主。	缺乏核心管理理念，有规范、缺指导；有指导、缺服务；有服务，缺引领。	形成共同的核心价值，引领学校的管理工作。	价值引领与基础规范、服务对象与指导工作的协调。
课堂文化	教学扎实细致，严谨规范，重视知识技能。	关注教多于关注学；关注学习多于关注成长；关注成长多于关注需求。	开展校本研修引导教师关注学生的学，为学生的学习、成长需求提供支持。	以关注教师的教为主到关注学生的学为主的协调。
班级建设	以德育单元课程为载体，师生开始关注通过文化引领班集体建设。	班级文化建设缺乏核心价值，布设多，建设少。	让班级成为学生成长的加油站。	班级管理与班级文化的协调，集体建设与个性发挥的冲突。
师生关系	教师关心学生的学习，注重个别化指导，总体上师生关系协调。	教师对学生个性特长的关注不够，有时忽视学生的感受。	建立以学习者为中心，为学习者成长服务的师生观，让教师成为师生关系的主导者。	教师权威与学生中心的价值冲突。

续 表

因素	S(优势)	W(劣势)	O(机会)	T(威胁)
教研文化	校本自培机制形成,研讨氛围浓厚、教师团结协作、务实求真。	领军教师少,教研组对教师关系的润泽不够。	以学校核心文化引领教研组建设,让教研组成为教师专业提升,交流情感的地方。	专业提升与情感交流协调。
年级文化	学校对年级组工作重视,定期开展年级工作研讨,年级组教师相互协调。	年级组主体意识和自主空间不够,对学生工作研究还缺乏。	下放年级组的权限,发挥年级组的自主性,让教育活动更适切学生。	学校对年级组的领导与年级组自主性之间的冲突。
家校关系	对教师敬业精神信任,对学校教育比较放心。	家长对学校教育需求多元,教师与家长沟通协作能力还不够。	拓宽家校互动渠道,加强家校沟通能力的培养,形成合力。	教师提供的教育活动不能满足家长的多元需求。
环境建设	校园环境设计逐步精细化,让校园成为学生成长乐园的意识提高。	校园环境的设计与校园文化活动融合不够,学生活动空间场地狭小。	形成校园环境设计的核心主线,将校园空间还给学生,将校园物理空间与线上空间结合。	校园环境的美化精致与学生需求的协调。

综上分析,目前学校文化建设需要优先解决的问题主要是:提取、阐述学校文化核心,以核心价值引领学校文化建设;完善制度,让制度与学校的核心价值一致;通过物化的形式显现、传播学校的核心文化;形成以核心文化领导师生行为的磁场。

2. 行动目标

学校文化是学校发展过程中逐步形成的文化体系。其中包括学校最高目标、价值观、行为准则及其规章制度、行为方式、物质设施等方面的整合和结晶。本行动计划的主要目的是继承学校原有文化和价值观的基础上,试图在学校工作的主要领域明确师生员工的行为准则,为构建学校机制、开展教育教学工作等提供引领。主要的工作是:将学校逐步形成和倡导形成的价值观提取、阐述出来;以核心价值为指导,形成学校的行动纲要;以行动纲要作为行为准则,让规章制度、行为方式、物质设施一脉相承。具体目标为:

形成核心文化——开展学校成功发展的关键因素大讨论,概念、提取学校关键成功的因素,并对关键因素量化分解,形成行动纲要。

阐释与传播文化——将行动纲要的内涵和行动过程,通过各种物化的形式表现出来，以环境文化来显现核心价值，让学校的核心文化随物赋形。

让制度与文化一致——梳理完善学校制度，让学校制度与学校的核心文化一致，并且让制度成为学校核心文化的保障。

3. 步骤措施

第一阶段　开展学校成功发展的关键因素大讨论，提取学校成功关键的因素。确定学校的发展战略，并通过校旗、校标表达出来。

第二阶段　开展关键因素分解讨论，形成行动纲要，并编制学校行动纲要手册。通过校园墙体文化和信息平台推荐表达、传递赞颂师生的核心价值和行动故事。

第三阶段　梳理完善学校制度，让学校制度与学校的核心文化一致，并让制度成为学校核心文化的保障；以行动纲要为准则，指导学校的领导行为；通过重要活动（如庆典、仪式、节日）体现学校核心文化，让核心文化得到加强。

第四阶段　总结反思。校园文化建设是一项周期长、见效慢的复杂的系统工程，需要我们实践和思考的问题很多。我们这次行动计划的主要目的不是以显性文化为主，而是以加强隐性的核心文化建设为主。

4. 保障机制

领导小组组长：党支部书记　副组长：工会主席、团支部书记。

组员：教导主任、德育主任、年级组长、教研组长。

组织保障——发挥党支部的战斗堡垒和各种群众组织的作用。党员先行潜移默化示范学校的行动纲领，体现核心价值。工会、团支部等群团组织善于发现核心文化下的故事，让一个个鲜活的故事成为传播学校文化的载体。

行动保障——以核心文化引领学校课程建设与教学活动。德育处的学生教育活动和各种重要活动（如庆典、仪式、节日等）要充分体现学校核心文化，让核心文化得到加强，教导处的课程建设与学科教学活动要实践行动纲要。

宣传保障——开展各种人物事迹评选与宣传（如月度故事、星级人物等）传播学校的文化。

经费保障——为学校文化传播设立专项经费。

5. 困难对策

本行动计划将继承学校原有文化和价值观的基础上，试图在学校工作的主要领域明确师生员工的行为准则，为构建学校机制、开展教育教学工作等提供引领。可能遇到的主要困难有：

如何继承学校原有文化和价值观的基础上，在学校工作的主要领域提取、阐述核心文化，形成行动纲要，引导师生员工的行为。

如何构建学校机制，让行动纲要引领教育教学等工作的开展。避免将行动纲要制度化，协调好传统的管理理念与现代领导理念的关系，传统的教师权威与现代学生中心理念的关系，传统的教师教为主与学生的学为主的关系。

如何协调文化与制度的关系，既要完善学校制度，又要避免过度依赖制度，导致管理僵化而失去活力。

校园环境的美化精致与学生需求的统一。

6. 评价组织

内容 1：形成学校的行动纲要。评价方法：查阅资料。

内容 2：以学生发展为中心的师生关系明显体现到日常教育教学实践中。评价方法：问卷访谈、参加活动。

内容 3：学校制度建设与核心文化一致。评价方法：查阅资料。

内容 4：环境布置体现学生中心的主线。评价方法：实地查看。

第三节　学校组织重构与团队文化建设

据《中国百科大辞典》表述，“学校是有目的、有计划、有组织地利用一定设施和规范化场所进行系统教育，培养人才的机构”。我国自夏商朝起，就有了“庠、序”（就是学校）。《孟子・滕文公上》言曰：“设为庠序学校以教之：庠者，养也；校者，教也；序者，射也。夏曰校，殷曰序，周曰庠，学则三代共之，皆所以明人伦也。”作为一个特殊的社会组织，学校古时以教国民学习伦理为目的，就是以培养社会所需要的人为己任。直至如今的现代学校，培养人这一性质还没有变化，不过对于“培养怎样的人”已发生了巨大的变化，其内涵更为丰富、更顺应时代与人的发展需要，也使学校更具生命活力。这也向现代学校提出了新的历史性的要求。

1. 学校组织重构的背景

现有的学校组织设置难适应信息化社会对人才培养的需要。一方面，信息化社会要求培养具有团队合作、终身学习的创新型人才。这种复合型人才的培养，学校的任何个人主体都无法独立完成。即使经过严密的分工，开设多种不同课程，依然不能完全满足人才培养的需要。复合人才的培养不仅需要专项课程，还要有综合课程。另一方面，信息化社会中，要求培养的人才，不能满足于书本上知识的学习，希望课程能不断地给他们注入“活水”，开发他们的思维，开辟未知世界。但是教师个人的知识和能力总是有限的，无法专长于各个方面的专业知识，这难以适应时代对人才的需求和学生全面发展的需求。

学校如果不进行组织重整，只有少数人的殚精竭虑而没有全员的思考参与，或者只提高员工的个人能力而没有有效的团队协作，已很难满足信息社会对人才培养的需要。要想取得成功，就必须充分运用人力资源，进行组织重构，形成团队合力。本文从学校组织重构与团队文化建设两个方面给予阐述。

2. 学校组织机构的设置

培养具有团队合作、终身学习的创新型人才，已成为时代的需要。要完成这一使命，就必须根据时代的需要把学校资源组织起来，构成一个有机的系统，这个有机的系统就是学校组织机构。

(1) 学校的系统结构

教育是培养人的社会活动，也就是说教育的过程是为社会服务的过程。学校是实施教育的机构，通过培养人来实施社会服务(图 8-2)。

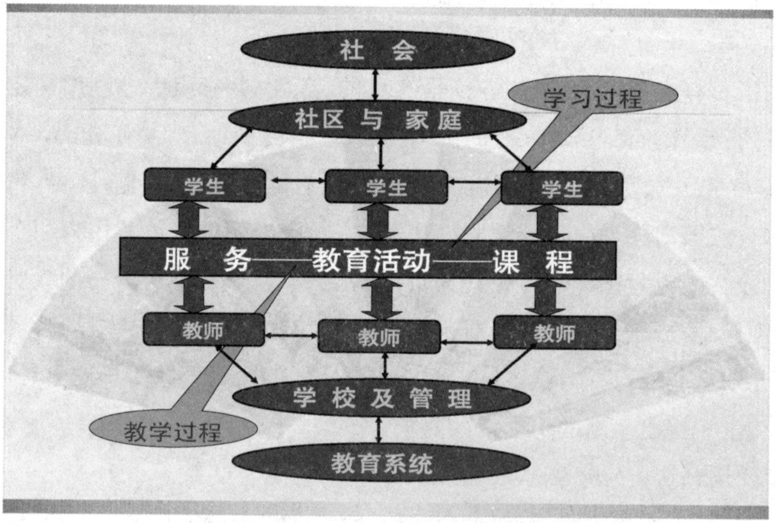

图 8-2 学校系统结构图

从图中，可以直观地反应教育服务性功能的实施途径。整个教育是社会的子系统。一方面，通过教师服务于学生、学校服务于家庭和社区，来实现教育的子系统服务于社会的大系统，这个服务的核心就是教育活动。另一方面，教育通过为学校服务，让学校服务于教师，教师服务于学生，从而实现教育为社区、家庭乃至社会服务的功能，这个服务的纽带就是课程。也就是说，办学系统的核心是课程，学校通过课程领导服务于教师，教师通过课程服务于学生的成长。这个过程的关键环节是学校的教师，因此学校需要建立相应的组织机构，才能保障教育服务性功能的实施。

（2）学校组织的特点

组织是为实现某些目标而设计的人群集合体，是每个成员在这个集合体中进行各种活动的构架系统。学校是社会专为实施有组织、有目的、有计划的教育而创办的一种特殊的正式的规范性社会组织。一般地，学校组织可以分为学校行政系统、学校教学系统、学校后勤保障系统三部分。目前大多数学校的行政系统和后勤保障系统，都具有鲜明的科层性。表现在有明确的分工、有鲜明的权力等级关系、有学校管理的各项规章制度、强调严明的上对下的控制（图 8－3）。

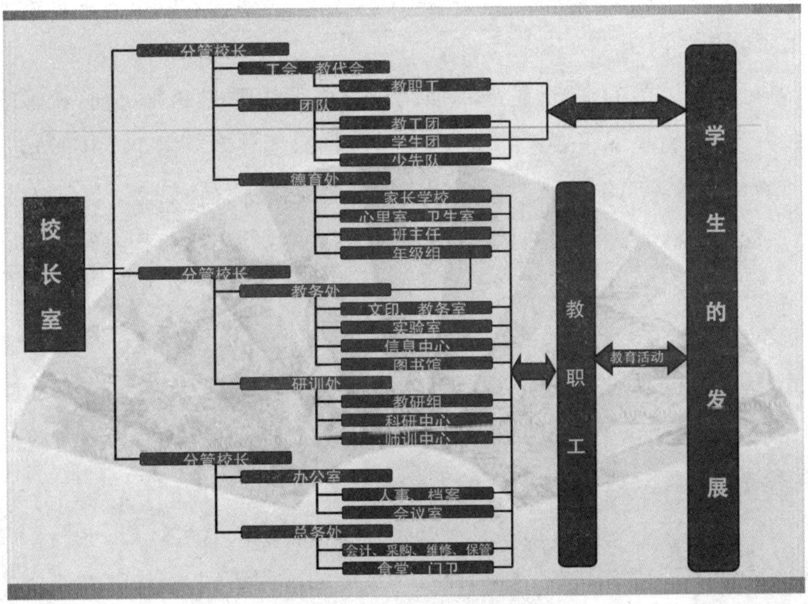

图 8－3　学校组织结构图

这种组织机构充分考虑了工作专门化和部门化、管理的指挥系统和控制幅度、领导的集权与分权等因素，是一种线性组织结构。但由于学校教学系统具有自身教学行为的相对独立性，学校对教师的教学工作很难实行严密的、统一的要求与监控，这种线性的组织机构设置，过多地关注了组织的科层，很难适应学校教学系统的管理。

(3) 线性组织机构面临的问题

尽管传统的线性组织设置，可以使每个人都各司其职，谁对什么成果负责，能够排除由于工作分配的混乱和多变所造成的故障，并能提供反映和支持组织目标的决策沟通网络。但在实际工作中，常会出现本来是为了目标而分工，可结果却造成因为分工而忘了目标的简单执行状态。

特别是，由于学校的教学系统要遵循教学的规律和学生身心发展的规律，每一位专业化的教师在其专业范围内从事着高度个性化的工作，要在不同的教学情境中针对不同的学生因材施教，其教学行为具有相对独立性，教学工作具有高度的艺术性、创造性。这种线性组织机构对教师的教学工作很难进行有效的管理。于是，在传统的学校组织中，尽管教学系统是学校组织的主体与核心，却是相对松散的。线性的科层组织让学校教学系统的课程管理失去了管理支点，已很难满足现代学校课程管理的需要，从而阻碍了教育改革的纵深推进，对学校组织重构已成为课程改革纵深推进的需要。

3. 组织重构与团队

随着基础教育改革的推进，越来越强调充分尊重教师的专业权利，教师既是课程的使用者、开发者，也是课程要素的本身，还是课程的领导者。由于学校教学工作的特殊性，学校教学系统不可能像行政系统和后勤保障系统那样去管理。为了有效地保障学校教学系统的课程管理与实施，学校应该对原有的线性组织机构进行重构。

(1) 学校的组织重构

对学校而言，建立合理的组织机构是为了实现下述职能。第一，实现培养人的目标。第二，开发、分配和运用课程资源，让学生接受最优的课程服务。第三，指导课程实施。第四，促进信息沟通、协调各种关系、激励员工，形成团队活力。学校管理的核心是教学系统的课程管理，管理的目的就是为提供适合学生的课程。

学校组织的重构，一方面，要努力发展原有线性组织的管理优势。另一方面，要适合教学系统的课程管理的需要。对学校教学系统的课程管理，应该破除严格的科层管理，给予教师充分的专业权利和教学自主权。而对学校行政系统和后勤保障系统的实务管理，可以突出统一性与严密性，使其能够严格按照工作分工和工作流程全程为教学系统提供充分的服务，从而建立以课程管理为核心的矩阵式组织结构(图 8 - 4)。

这种矩阵功能结构，既保持原先的组织机构设置的分工职责明确的优势，同时还可以让每一个成员明确自己的课程功能，从而避免出现有分工没有目标的事务执行状

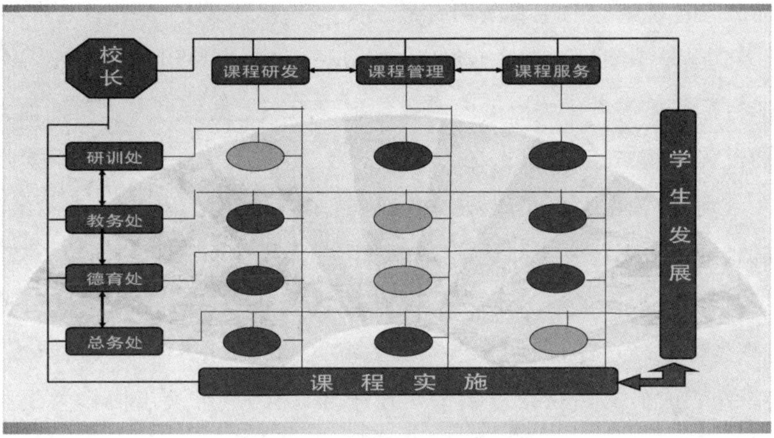

图 8-4　学校课程功能结构图

态。但这种矩阵管理的组织功能，也势必会出现一种新型的组织——教师团队。

（2）学校团队的产生

为了适应新时代人才培养的需要，基础教育改革和教师专业化逐步推进，学校的组织结构也悄悄地发生变化，教师团队建设应运而生。学校教师团队的建设，正好可以改进学校教学管理系统松散的不足。通过借鉴管理学中所强调的团队协作理论，中小学校团队管理，正是为了适应中小学教师群体的专业特点，促进教师开展有效的专业学习，达到教师专业素质持续发展和学校组织健康发展目的。

斯蒂芬·罗宾斯认为，团队是为了实现某一目标而由相互协作的个体所组成的正式群体。教师团队，是由若干具有互补的知识、技能的教师，在教育教学行为上有共同目标和规范，教师之间相互协作、沟通所组成的正式群体。团队作为学校的新型组织，能够优化配置学校有限的人力、物力和财力，能够促进教师之间的交流沟通与相互学习，有助于提高学校课程的服务品质。而且，通过团队建设，培养团队精神，还能增强学校教师的凝聚力。有了教师的不懈奋斗，有了团队的齐心协力，学校组织的发展也就有了新的希望，也为学校教学系统找到了管理支点。

（3）学校团队的特点

团队与组织之间有着太多的共性，都是有组织有纪律的一个单元，都由多人组成，有一个基本的共同目标或使命。很多时候，我们对工作组织与工作团队不加区分。但两者的区别依然很大，为了工作的需要，我们可以快速地组建一个工作组织，但却不一定能快速组建一个工作团队。

工作团队与传统组织的主要区别有是：(1)传统的组织侧重于个人能力与个人结果的表现，团队侧重于团体的整体业绩，共同成长。(2)传统组织强调职责分明，只有在自己达成目标的前提下才去协助他人或是迫于组织上的权力而去帮助他人，较少有主动自发的过程。在团队中，相互之间主动积极，协同配合度高，为使组织达成目标，可以牺牲个人利益，甘做幕后英雄助团队成功。(3)传统组织，由于人员的互补性不强、配合度低，可能出现每个人都达成了个人目标而组织目标却未达成。团队强调新的木桶原理，桶内的水不仅取决于最短的一块木板，更取决于木板之间的接合度，因此，团队重在整体业绩达标，强调个人与个人之间的高度配合，强调团队成员共荣共辱。(4)传统组织成员的相互竞争多于相互配合，团队成员突出协作大于竞争，是知识、技术与技能的共享互补。

4. 学校团队建设

过去常说："一个好校长就有一所好学校"，其实这话还少了个中间环节。应该是，"一个好校长可以培育一支好团队，一支好团队成就一所好学校"。学校的发展，关键是建设好学校的决策团队和教师团队，靠的是团队整体力量的推进。校长在学校团队建设中起着灵魂的核心作用。

(1) 高效的团队需要有效的领导

学校团队是教育发展和学校教学工作特殊性的产物，但高效的团队不会自然形成。团队也可能产生内耗，团队之间也可能演变为拉帮结伙。一个低效的团队，比个体因素的不协调更加可怕，因此，要使团队在学校发展中充分发挥其积极的推动作用，就必须加强团队的领导与管理。

在学校团队建设中，正如《论语 · 为政》篇所说的要"视其所以，观其所为，察其所安"。校长要认可团队成员的角色差异，每个角色都有独到的作用，团队中没有最好的角色，只有最需要的角色。只有用其所能，用其所长，做到使其可为，任其所由，安其所以，用可能不完善的个人，来建设完善的团队。

校长在学校团队建设中，要充分运用自己的领导与管理智慧，有效地把握好领导与管理的度。充分认识到：管理是把事情做对，领导是做对的事情；管理是解决问题，而领导是不让问题产生或将问题消灭于萌芽状态；管理需要规范化，而领导则需要创新；管理要做的是管好和理顺，而领导则是带领和指导；管理是基于事实，而领导则是基于价值观；管理是提供方案，执行决策，而领导则是做出决策，监督执行；管理是支持和推力，而领导则是拉力。只有充分认识团队的领导和管理的功能，才能建设有利于推动学校发展的高效团队。

(2) 团队的人才理念

现代企业管理告诉我们,企业最具核心竞争力的东西,不是物业与产品,也不是服务与品牌,而是人才、是团队!他们决定了一个公司能走多远,能站在什么样的高度。企业尚且这样,学校更是如此。学校团队的建设过程,既是用人的过程,也是育人的过程,团队的力量是所有团队成员特长的综合。作为校长领导的任务是:引领团队发展愿景,把握团队建设的目的,发挥每个人的长处,为共同取得成效的打下基础。

校长作为团队的领导者,除了用固有的权力制定相关的制度以外,更要提高自己引领团队追随者共同为实现目标而努力的能力。在团队建设中,要充分相信团队成员,将团队的绩效放在首位;要有务实的工作作风和坦诚宽广的胸怀;要懂得欣赏和肯定成员们的成绩,对成员的过失,应给予诚恳的帮助和纠正。

在团队建设中,校长要有爱才之心,用一个好人,别的好人就来了,用一个坏人,别的坏人就会跟着来了;要有识才之眼,只有"知人",才能"善任",方可"兴业";要有聚才之力,用愿景凝聚人,用人格来吸引人;要有励才之术,正所谓"矢不激不远,人不励不奋";要有用才之道,既要人尽其才,才尽其用,还要用尽其妙;要有容才之量,既要能容人之长,也要能容人之短,还要能容人之错;要有护才之胆,方有"士为知己者死";要有育才之识,正所谓"一年之计,莫如树谷;终身之计,莫如树人"。

(3) 教师团队建设

教师是教育改革的实施主体,是学校组织变革发展的根本力量。当学校有了明确的发展方向和战略,就犹如"万事俱备,只欠东风",教师正是这股"东风"。要把不同学科、不同专业背景、不同年龄层次的教师聚合在一起,通过集体的智慧来满足学生发展的需要。学校教师团队的建设比较适合以教研组或年级组为基础单位。

教师团队的建设,要根据团队的性质确立清晰明确的愿景和目标。就是让大家知道"我们要完成什么""我能得到什么"。这一目标是成员共同愿望在客观环境中的具体化,是团队的灵魂和核心,它能够为团队成员指明方向,是团队运行的核心动力。为了使团队的目标更具激励作用,在设计目标和愿景时,必须坚持以明确性、激励性、可行性、共识性的为原则。有了明确共同的目标可以使教师清晰地看到任务,产生动力;可以使教师产生积极的心态,使教师最大限度地集中精力,最大限度地发挥潜能,达到自我完善;可以使教师心中充满教育的理想,真正感受到教师生命的价值和职业价值的统一。

教师团队的建设要努力培养良好的团队氛围。健康和谐的人际关系能使团队成员之间从生疏到熟悉、从保守到开放、从动荡到稳定、从排斥到接纳、从怀疑到信任，可以在长时期内使人们保持亲密。团队关系越和谐，组织内耗越小，团队效能就越大。信任对于团队的健康发展和效率提高具有至关重要的作用。

教师团队的建设要建立健全有效管理制度和激励机制。健全的管理制度、良好的激励机制是团队精神形成与维系的内在动力。一个高效的团队必须建立合理的组织规范，并且促使团队成员认同规范，遵从规范。合理的制度与机制建设主要包括：①团队纪律、②上级对下级的合理授权、③有效的激励约束机制。

教师团队的建设要提高团队领导的领导力。团队领导力是指领导在动态环境中，运用各种方法，以促使团队目标趋于一致，建立良好团队关系，以及树立团队规范的能力。优秀的团队领袖往往充当教练员和协调员的角色，他能在动态环境中对团队提供指导和支持，鼓舞团队成员的自信心，帮助他们更充分认识自己的潜力，并为团队指明方向，团队领导的行为直接影响到团队精神的建立。校长的团队领导要懂得如何管人、育人、用人，懂得运筹帷幄，把握方向和大局，善于集中团队成员的智慧。

另外，教师团队的建设要注重培训。要有效地提高团队的整体素质，提高团队竞争力，学习是一个重要方面。在知识经济时代，唯一持久的竞争优势是具备比竞争对手更快的学习能力。

在教师团队管理中，不同角色的成员由于所处的地位不同和看问题的角度不同，对目标和期望值会有很大的区别，这是很正常的事情，但关键是作为领导的校长要善于了解成员间不同的心态，理解教师的需求、帮助教师树立共同的目标，让每个教师都朝共同的目标前进，从而使团队心往一处想，劲往一处使。

总之，学校的组织重构时，要让团队建设产生大雁效应。大雁在飞行时总是排成一个大大的人字形，人字形的前端有一只大雁领飞，而所有的大雁都在不断地鸣叫鼓励。当领飞的大雁疲劳时，另一只大雁会来替他领飞，如此周而复始。它并不需要什么谁来发号施令，工作的内容完全出自自己的意志。团队中每一位成员都知道掌控达到目标的过程，彼此尊重，不扯后腿，互相鼓励，彼此协作，共同完成集体的任务。作为一所学校，培养一支团结、进取、和谐的优秀教师团队，是学校决策层的管理目标之一，发挥好学校特有的团队精神，就能办好一所学校，为社会提供最优质的服务。

第九章 培育适合家校共育的育人生态

“适合的教育”是基于人的发展和未来社会发展对人才的需求，基于学生的现有基础和发展需求，遵循学生的成长规律和认知规律的教育。无论是“发展需求”，还是“遵循规律”，都离不开良好的家校共育的育人生态。

第一节 构建家长课堂，与孩子共同成长

1. 家庭教育的学校背景

上海市鞍山实验中学所在社区主要是新兴小区，约有64%的学生家长的文化程度受过初高中、中专、职校技校教育，36%以上家长受过高等教育。学生的家庭结构大多为两代同堂，这与现代家庭结构的总体发展趋势相吻合，此类家庭结构，利于为学生创造更好的教育空间，也有利于家庭教育的实施；多数学生家庭关系和睦协调，这是保证学生在家庭中身心健康发展良好的一个重要的精神基础；总体家庭经济状况良好，平均家庭月收入超过万元，为学生接受良好的教育奠定了物质基础。

学校自2000年创办以来，重视家庭教育指导工作，培养了一批德才兼备的德育骨干队伍，在家庭教育指导方面积累了不少经验。学校是上海市家庭教育指导基地，上海市文明单位，上海市优秀家长学校，上海市家庭教育先进集体，杨浦区德育先进集体，连续五届被评为上海市行为规范示范校。我们秉持“构建适合的教育，成就师生的成长”办学理念，坚持“优化两个课堂，成就两个发展”的办学策略，高度重视家庭教育对孩子成长的作用，开展家庭教育指导，培育家校共育的育人生态。

2. 建设家长学校运行机制

未成年人教育是一项系统工程，需要学校、社会和家庭共同关心、相互支持、协同共

育。同时,学校教育本身也离不开家长的参与、支持与配合。为了形成家校协同育人的合力,我们将家长学校的建设作为学校工作的重要部分。通过家长学校,辅助家长与孩子共同成长,促进家庭教育与学校教育的有机融合。通过家长学校,成就每一个家庭。

学校形成了校长领衔、德育校长主抓、各部门主任配合、专职教师负责、班主任及科任教师全面参与、专家团队、家长积极介入的家长学校管理体系(图 9-1)。

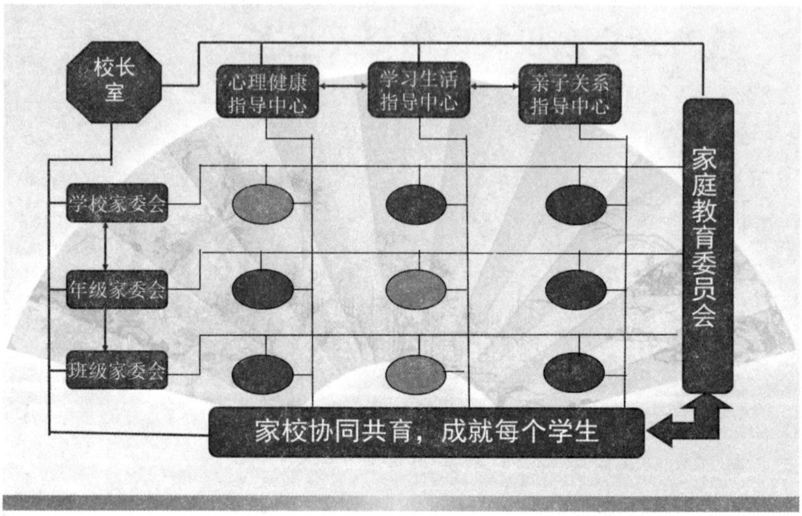

图 9-1　家庭教育组织结构

家庭教育委员会成员:校长(主任)、德育分管校长(副主任)、教学分管校长、德育主任、教导主任、心理老师、年级组长、家长代表组成。

心理健康指导中心成员:德育分管校长(主任)、心理老师、德育主任、年级组长。

学习生活指导中心成员:教学分管校长(主任)、德育主任、教导主任、年级组长。

亲子关系指导中心成员:德育分管校长(主任)、心理老师、年级组长、家长代表。

班级家委会召集人班主任,年级家委会召集人年级组长,学校家委会召集人德育主任。

家长学校,在校长室指导下,由学校家庭教育委员会统一领导。家庭教育委员会负责家长学校章程和制度的制定,并进行监督实施。家庭教育委员会下设三个指导中心(心理健康、学习生活和亲子关系)和三个层面家委会(学校、年级和班级)。指导中心结合学期不同阶段的工作,根据不同层面家委会的需要,开展分类或集中的家庭教育指导,形成指导中心和家委会协同负责、分工合作的家庭教育网络。通过上下结合、需求为主、问题导向的家庭教育组织管理体系，为学校开展家庭教育、开办家长学校提供了组织保障。

建立家长学校规程。家庭教育委员制定学校教师家庭教育工作职责、家访制度、优秀家庭教育工作者和优秀学员评选制度、档案资料管理制度、检查总结评比制度等。每学期各指导中心研究与指导家庭教育活动的不少于 2 次，每学期各层面的家委会，开展家庭教育活动不少于 2 次。班级家委会向年级家委会述职，年级家委会和指导中心向家庭教育委员会述职。制定了学员考勤制度，德育处负责学员的管理与考核，并推荐优秀学员。家庭教育委员会组织推荐评选优秀家庭教育工作者。逐步建立了一套比较完备的管理制度和运行机制，为家庭教育指导工作顺利开展奠定了基础。

3. “家长课堂”的资源构建

(1) 家庭教育与学校教育对接

学校根据各年级学生不同的发展阶段需求，设置学校德育年级分目标，结合学校重大仪式教育活动，召集各年级家长，分级分类参加家长学校的相关课程和活动，指导家长把握孩子的身心成长规律和不同阶段学校的教育要求，努力形成家庭和学校协同育人的教育合力。家长学校根据孩子处于初中不同年龄段的身心规律，社会对公民素养的需求，以及学校教育活动的设置，帮助家长了解孩子、了解学校。家长对这种课程普遍反映适时有效，并期待下一次课程的到来。家长课堂不止局限于大会场和小教室，我们还通过观摩活动和担当家长志愿者让课堂效果得以延伸，学校在进行年级大型仪式教育时邀请家长前来观摩，有条件的家长可以自愿报名担任学校教育活动的志愿者，家长可以亲身感受学校的教育工作和老师的辛劳，见证孩子的成长点滴，通过在集体中的比较，找到自己孩子新的生长点，更能够寻找到家庭教育和学校教育对接点，拉近了家庭和学校的关系，也拉近了亲子关系，促进了家校和谐，更促进了家庭和谐。

(2) 搭建“家长开放日”互动平台

我们通过“家长开放日”活动，全天候开放校园的教育教学活动，邀请家长来校听课评课，参与班级活动，使家长全方位地了解学校管理和教育教学的状况，便于家校形成一致的目标，搭建“立体”教育格局。我校家长开放日从建校开始，每年一次定期举行。在开放日上，家长可以通过推门听随堂课、参观了解教育设施、听学校领导汇报、看学校活动影片与资料、与孩子共度学校的一天。不仅让家长了解学校，也让学校各项工作接受家长监督，更让家长熟悉了解孩子在校的学习生活状况，为家校合作打下了坚实的基础。

表 9-1 鞍山实验中学家庭教育内容基本框架

<table>
<tr><th>对象</th><th>学校德育课程内容（关注点）</th><th>仪式教育</th><th>家长课堂内容（侧重点）</th><th>家长课堂的方式</th></tr>
<tr><td>预备年级家长</td><td>养成习惯，完善自我（养成教育）</td><td>新生入学教育仪式</td><td>构建适合初中生活的家庭教育（指导孩子培养良好的学习和生活习惯，适应初中生活）</td><td rowspan="4">观摩所在年级的仪式教育活动、参加家长开放日活动并担任家长志愿者；班级和年级层面家庭教育指导；分类需求家庭教育指导；观摩学校大型活动（校运会、艺术节等），担任志愿者；家长接待。</td></tr>
<tr><td>初一年级家长</td><td>团队合作，荣辱与共（协作教育）</td><td>红领巾换戴仪式</td><td>树立合作观念，我与集体共成长（指导孩子明确集体的含义，个人在集体中的作用）</td></tr>
<tr><td>初二年级家长</td><td>懂得感恩，学会报答（感恩教育）</td><td>十四岁生日仪式</td><td>与青春期的孩子交朋友（指导孩子在踏入青春期的同时，体验亲情在生活中的点点滴滴，学会回报家庭）</td></tr>
<tr><td>初三年级家长</td><td>树立理想，回馈社会（理想教育）</td><td>毕业典礼仪式</td><td>毕业生家庭教育策略（指导孩子明责励志，懂得回馈社会）</td></tr>
</table>

（3）紧扣孩子成长关键期的热点

基于各年级年龄特点，心理辅导室辅助德育处进行家庭教育指导工作，定期分年段开设家庭教育辅导，邀请市区未成年人心理辅导专家进行了《在成长中阅读自己和孩子》《激活学习动力、培养学习兴趣》《读懂孩子，给予孩子成长的力量》《初中生学校教育和家庭教育》《家庭——孩子青春远航的港湾》等专题讲座。

另外，家庭教育往往与特定时期的社会问题共生。如，当下独生子女父母和长辈包办代替过多，不少学生生活上依赖思想严重，自理能力弱。同时，家庭经济条件改善，学生缺乏理财意识，消费大手大脚。同学间过生日会出现讲排场、搞攀比，却不记得家中父母长辈的生日，这些现象背后是家庭教育失位。为此，在寒假期间，我们以"家庭理财教育"为主题，开展家庭主题活动。并以征文的方式分享家庭教育的智慧。目的是通过"家庭理财"的主题活动，既培养孩子的理财意识，学会关爱家庭和家人，增强家庭亲子沟通，共同创造和谐温暖的幸福家庭。通过寒假和春节的思考和实践，各个家庭纷纷行动起来，在春节红包和孩子理财教育上进行了梳理，并进行了归纳总结，不少家长在开学之后积极投稿，在征文中体现了"一切商量着来"的家庭教育理念，家长与孩子的互相尊重、互相理解、共同成长的观念，在主题活动的实践中得到了充分的体现。根据征文活动工作方案，按照不同年级进行评选表彰，并在家长课堂上隆重颁奖，还通过校园网交流和推广家庭理财教育的成功经验，以促进更多的家庭提高父母教养子女的能力。通过家庭主题活动，营造优质的家庭育人环境，共创未成年人思想道德建设新局面。

表 9-2　鞍山实验中学家庭理财教育分层侧重点

对象	家庭理财教育侧重点
预备年级家长	攒好零花钱，节约不乱花
初一年级家长	管好零花钱，义卖我当家
初二年级家长	用好零花钱，孝敬长辈要多花
初三年级家长	花好零花钱，社会实践全靠它

根据孩子成长关键期，设置班级层面的家庭教育指导活动。

【案例】　在模拟面试中插上飞翔的翅膀

（执笔人　竺馥）

【案例再现】

小徐同学，为人沉默寡言、缺乏自信，不爱与同伴、老师和家长交流，没有什么朋友，平时沉迷网络游戏，对游戏以外的事物缺少兴趣和热情，表现出无所谓的消极情绪。

家庭中由于父母工作繁忙，经常深夜回家，很少与孩子交流，给孩子大量零花钱让其自己买早饭和晚饭吃。一到寒暑假便将孩子送回老家由祖辈照顾，除了提供吃穿用品和零花钱外基本不陪伴孩子。

学校生活中，小徐对学习和各项活动、兴趣课缺乏兴趣，常趴在桌子上睡觉，成绩属于年级下游。进入初三学习后，随着学习内容的增多，难度增大，小徐成绩滑坡严重，还经常出现不按时完成作业的情况。面对老师的关心和辅导，他说“你们就想骗我读书”“这么努力有什么意义，混日子也挺好的，总有学校要，了不起以后送外卖、做清洁工，又不会饿死。”

在这样状态下，初三第一学期考试成绩就如预料中的差。对此，父亲和小徐进行了一次严肃的谈话，交流到将来的填志愿和就业方向时，小徐再次表示出“随便”“哪个学校要我，我去哪”，让父亲极为生气，没收了手机并打了孩子一顿，向班主任反映和求助。

不仅是小徐同学存在这样的情况，班里不少家长都反映孩子缺乏人生规划和职业目标，甚至面临制定目标、了解志愿意向时直接把志愿表给家长让家长填。虽然学校一直积极开设多种兴趣课培养孩子的爱好和专业特长，也请毕业的同学、专家进行理想教育，但对于小徐这样的同学始终缺少合适的时机对其触动和加强体验。在与家委会、班委商议后，班级开展了一学期为期六次的模拟面试活动，由同学代表、教师和家长代表组成招聘单位人事主管，全班同学按招聘启事选择自己应聘的岗位，进行一场真实的面试招聘。通过在这次的模拟面试活动中，小徐等同学在应聘外卖员、房地产销售的过程中，感受不同工作的专业知识和乐趣，也感到一些工作并不像自己想的那么容易做。不少后进同学在活动后变得比之前更主动和定下了升学目标，考进了比较理想的中高职贯通、中专职校。

【案例分析】

像小徐同学这样对学习和生活缺少目标，对未来缺少向往的孩子如今有很多，尤其是真正到毕业班面临填志愿、选择发展方向时更为迷茫、无助，甚至破罐子破摔、与父母和老师发生冲突。依靠家委会和学校活动的支持，在职业体验中有效解决了这次的冲突，但是这样的现象却更值得我们深思：为什么在那么多本应开出美丽花朵的少年少女身上却已有凋零之相？他们是带着怎样的心情对自己的人生说出无所谓的？也许，对案例的思考我们可以找到以下几个原因：

1. 家庭关爱的缺失是首要原因

家庭是青少年心理和性格形成的重要场所，也是他们开始形成世界观、人生观、价值观的首要场所，国内外研究也表明家庭教育对孩子的性格成长、兴趣爱好乃至职业选择都有着极其重要的影响。心理学和教育学的研究表明：父母与孩子的相处模式直接影响孩子对生活的态度。心理学家阿德勒就曾指出父母对孩子性格发展的影响中，导致孩子日后产生性格问题的其中一种原因就是忽视。

案例中的小徐同学，正是长期缺失家庭关爱的典型，父母忙于工作很少陪他吃饭、与其交流，一直处于孤独的心理状态和被父母忽视的心理状态之中，一到假期更是感觉自己被扔到乡下。这造成了小徐心里缺少温暖和关爱，觉得自己根本不重要、没人在乎自己的好坏，导致他冷漠、消极的性格和对人生无所谓的态度。

2. 家庭教育方式的不当是主要原因

在所有影响孩子发展的家庭因素中，家庭教养方式对孩子的发展影响最大也是最直接的。如果家庭教育中经常采取平等、融洽的交流方式，孩子往往更开朗和乐于接受。如果家庭教育中经常斥责、打骂孩子，孩子往往表现出消极、冷漠的态度。

案例中小徐的父母在平时的教育中存在两个严重的问题：(1)用金钱代替对孩子

的教育。小徐的父母很少与孩子平等的交流和示范教育，经常给孩子零花钱和外卖费，让孩子产生了不劳而获的感受，也缺少劳动等意识。(2)对孩子粗暴打骂。小徐的父母平日里缺少对孩子学习和品行的关注培养，一到老师反映或考试成绩揭晓，就把错误全部归在孩子不努力、不学好，轻则呵斥重则打骂。这样的教育方式导致亲子关系进一步恶劣，孩子的抵触情绪也就更为严重，也是导致孩子缺乏理想、冷漠的主要原因。

3. 社会负面信息的冲击是外因

啃老族的产生，部分素质失缺的小鲜肉明星，靠游戏装备赚钱和网络上大量负面信息都冲击着孩子的价值观。正是沉迷于网络游戏和从网络获取大量不准确的信息，小徐产生了不用辛苦学习，靠玩游戏就能养活自己的想法，就算不靠游戏，开个网店、做个送外卖的也不需要什么技术和知识，自然也缺少了对不同职业理想的追求。

4. 学校职业教育的匮乏是客观因素

中学受到升学压力和各项评比检查的压力，不得不把大多数精力花在学业的学习上，虽然也会关注孩子的职业理想教育，开展各种兴趣课和职业理想教育，但是由于时间和专业资源的限制，很难保证孩子对一些职业和专业有深入了解，体验性和延续性都难以保障，客观上造成了孩子职业理想的缺乏。

5. 孩子自身竞争力不足是内因

像小徐这样的同学，学习成绩本就不太理想，再加上缺少积极的兴趣爱好和特长，导致他们觉得自己没法和一些优秀同学竞争，缺少努力的方向和动力。一到初三，面对巨大的学习压力和竞争，迷茫和对自己的不自信也就集中展现，进一步加重了心理的负面情绪，行为上也表现得更为明显。

【案例反思】

反思整个案例，面对小徐与家长间的冲突，能够缓解矛盾的同时更发现小徐和班级同学缺少职业理想，进而有效开展教育活动，成功帮助孩子的成长，是得益于以下几个方面：

1. 有效的家校沟通和合作是保障

孩子的成长是学校教育和家庭教育共同作用的结果，没有家庭教育的学校教育和没有学校教育的家庭教育都不可能完成培养人这一极其细致和复杂的任务，只有两者紧密合作、才能形成有效的家校合力。

为了有效开展家校沟通和合作育人，学校定期召开家委会、家长会，与家长交流学校工作，听取家长建议和反馈。各班也都成立了家长委员会和微信群，积极反馈交流学生问题、提出建议。案例中正是及时从小徐爸爸反映的问题作为切入点，通过与家委会沟通发现孩子缺乏理想信念问题的普遍性。同时在家长的支持和参与下开展了面试活动，让孩子在职业体验中树立理想、增强自身责任感。

2. 学校课程和活动的支持是助力

学校十分重视学生综合素养的提升和职业理想的培养，坚持构建“适合的教育”，既让我们的教育适合学生的成长和发展，也让学生的发展适合社会对人才核心素养的需求。因此从低年级就开展了茶艺、无人机、戏曲表演等兴趣课培养学生爱好和进行职业体验，即使面对初三繁重的学业压力也保证了职业规划讲座和班级德育单元课程。案例中采用的模拟面试活动，从招聘信息发布、学生投递简历、面试环节的设计等都需要大量专业指导和时间上的保障，正是学校的有效指导和德育课程上的保障，活动才得以顺利开展。

3. 孩子自身成长的需要是源动力

中国共产党第十八次全国代表大会提出，要把立德树人作为教育的根本任务。如何把立德树人落到实处，其内涵就是培养公民的核心素养。在党中央指导下，教育部在《中国学生发展核心素养》也进一步提出了对学生核心素养成长的相关要求和建议。案例中的小徐等同学，正是缺乏核心竞争力，在学习和专业知识上存在不足才导致了焦虑、消极情绪，也导致了对升学和职业发展缺少信心，所以只有提升他们自身实力和职业向往才能根本上解决问题。

案例中采用活动体验，牢牢抓住学生兴趣，以学生之兴趣培养学生之能力，坚持以人为本，关注学生实际问题与需求，进行针对性指导。比如应聘外卖送餐员时学生在解决所送食物不符合客户要求问题时，有同学积极联系商家更换、有同学诚恳道歉、还有同学采用赠送优惠券。各种专业素养的展现和创造性解决问题引得师生和家长阵阵赞叹，充分发挥学生积极性和能动性，兼具趣味性与思考性，让同学对不同的职业和自身优势都有了更深的了解。

孩子职业理想的缺乏问题绝不是一两节课、一两次活动可以解决的，不仅对孩子，就算对成年人来说都是一个值得思考的问题，但是相信只要学校、家庭和社会充分重视，有效开展合作教育和活动体验，一定能为孩子插上飞翔的翅膀。

(4) 激活班级特色的家校互动

我们结合班主任学科特长，建设与学科相结合的家校活动平台。如语文组通过

“魔法阅读——分享爱的殿堂”(曾报道于2018年9月20日新民晚报)。作为班主任的语文胡老师运用微信平台,将学校资源、家长资源、社区资源集于一体,开展阅读分享交流会。每周六晚上7点到8点半坚持至今,三年精读40多本书,成为学校德育与学科结合的亮点。

通过邀请家长参加以“亲子交流与沟通”为主题的系列主题班会、主题教育活动,让家长与孩子学会相互沟通的技巧,缓解家庭亲子矛盾,加强亲子情感交流,加深对彼此的了解、信任和宽容。班主任刘老师开展“爱心生命树”校外实践活动项目。通过带领学生前往“上海儿童希望小家”开展爱心公益服务活动,了解社会上需要被关爱的特殊群体,学习生命关爱中心志愿者的服务技巧与服务精神,能主动地关爱特殊儿童。通过组织学生与家人共同参与为“上海儿童希望小家”特殊儿童劝募、关爱家中长辈等活动,增强对生命含义的认识,并主动承担起家庭责任、社会责任,进而促进个体的成长。通过公益服务,把善的种子植根到学生们的心中,建立美好生命品格,创建幸福家庭及和谐社会。

案例:阅读的魔法

(执笔人　王颖婷)

一、具体事件

“各位1班的同学晚上好,我们今天的阅读分享马上就要开始了,同学们,你们准备好了吗?”

每周六晚上7:00,一个拥有60多位成员的名为“阅读分享”的微信群上,每每响起这个声音,就意味着一个半小时的“热闹”开场了。

“德米安是辛克莱内心的引导者,他教会了辛克莱如何以另一种角度看待世界。”

“但是正当辛克莱对此产生兴趣并且想去探索时,德米安却离开了,辛克莱深陷其中退不出来,迷茫不知所措的感觉很讨厌,也很想念德米安的引导。”

“当德米安走了之后,辛克莱没有知心朋友教他怎么面对黑暗了,所以他既恨德米安,也很爱德米安。”

每周六晚上的阅读线上分享活动,于我们班的学生和家长而言,已历经一轮寒暑,进入初二,尽管孩子们周末的补习多了,但无论家长还是学生都会不约而同地留出这一个半小时的时间参与线上的共同讨论。《德米安·少年彷徨时》这本黑塞的小说带有一定的哲学意味，又恰好地讲述了叛逆期的孩子内心的矛盾纠结，之所以选择这本书，不仅仅是想让学生拓宽阅读面，其实我更想通过阅读这本书，指导孩子怎样面对青春期，同时也希望家长们参与进来，共同陪伴孩子渡过这段人生的重要时刻。然而，从学生们的讨论中，我不难听出他们的共鸣，却也产生了困惑：将阅读转化为教育、甚至是家校共育的契机又在哪里呢？

不知是幸还是不幸，契机终于在一个再平常不过的中午，伴随着一只从天而降砸在地上的畚箕到来了。

"王老师！王老师！圆圆(化名)头上流血了，被小S(化名)用畚箕打到了！"

学生们匆匆忙忙地跑来找我，说的话着实把我吓了一大跳，急忙向教室赶去。首先吸引我目光的，便是"罪魁祸首"，那只被扔在讲台边上的畚箕。观察了一下教室的情况，只见一群女生围在圆圆身边，时而掏出餐巾纸帮她擦眼泪，时而抚摸她的背，小S远远地看着，脸上满是尴尬和不知所措，却不敢上前问询。女生们一见到我都好像看到救星似的跑了过来。我先看了一下圆圆头上的伤口，额角被划了一个小口子，于是我赶紧先电话联系了圆圆的家长带她去医院就诊，并对家长说明我会先了解整件事的来龙去脉。回到教室的时候，发觉孩子们都已经坐在了自己的座位上，似乎是看我面色"不善"，有种要"算账"的意味，教室里一时间陷入沉寂，连大气都没人敢出。

小S平时虽然也算调皮的男生，但是我知道他绝不会故意伤害同学，且今天本来也不是他做值日生，怎么会接触到畚箕呢？多重疑惑之下，我压下了刚开始的焦急和火气，单独把小S叫到了办公室了解情况："小S，今天中午发生什么事？你先来说。"

小S似乎没想到我并没有一上来就批评他，于是支支吾吾地说："中午吃饭的时候小Y(化名)往我饭里倒汤水，还扔我书包，我就拿畚箕扔他，结果没扔好，就扔到圆圆了。"

了解下来，方才知道连续几天吃饭的时候，不断有同学跟他恶作剧，把他盛好的汤水倒进他的饭里，前几次他也觉得是好玩，就和同学们一起开玩笑，但是后来他觉得这是同学在捉弄他，于是愤而反击，才有了误伤同学的事。

真的只是这么简单吗？

二、教育过程

1. 让小S在办公室写下今天事情的发生经过，并在教室向所有学生征集"情报"，发现小S所说之前有同学在他饭里倒汤水的情况属实，但也了解到当日中午小S隐瞒的一些事情。

2. 把几个恶作剧的学生单独叫出，发现他们互相推诿责任，于是将他们都带到办公室和小S一起对质，先对这几个学生进行教育，并写反思。

3. 联系圆圆家长了解孩子情况，并告知我已经将所有情况了解清楚，将先与造成伤害的这些学生家长取得联系，其后共同解决这件事。

4. 联系小S的家长来校，告知孩子中午的行为及造成的结果，同时对家长表示，孩子已有悔意，且他也是处于被欺负的一方，因此，与家长协商，教育的重点应当在于"控制情绪""保护自己和他人不受伤害""一时冲动所带来的严重后果"。

当天下午，小S的家长便主动到医院去看望圆圆并表示愿意承担医药费，向孩子家长道歉。

这件突发事故的处理暂时告一段落后，我又进行了一番思考，在这次的事件中，问题并不仅仅是表面上小S同学将畚箕扔到了圆圆的头，而更大的问题在于背后学生以"好玩"为外衣的对他人的欺凌，甚至还有班级其他同学对其的无所谓甚至漠视。"冲动""集体心理""青春期的不稳定性"，这无疑都让我想到了《德米安》。是呀，何不展现一下阅读的"魔法"？

甚至，在集体中与在家庭中的不同表现，也让我想到了以此为契机，对面临孩子青春期而苦恼的家长们进行一次家庭教育指导。

于是乎，"家校共育"也这样开始了。

1. 在"晓黑板"发布一则讨论帖，询问家长是否了解目前学生在阅读哪本书，是否有和孩子一起读过？认为孩子身上哪些变化是你觉得困惑的？

2. 在学校开始主题教育课，针对这一事件开设《德米安在哪里》的主题教育课。

教育内容	教师活动	学生活动	策略说明
一、阅读引入，思考"德米安"的意义	1. 回顾学生所画的辛克莱人生轨迹图以及德米安在此过程中出现的作用。 2. 思考德米安在此过程中的意义。	回顾阅读过程及阅读课上的内容，确立德米安是"引导者"。	由刚上完的课入手，学生会觉得比较熟悉，带动课堂气氛。
二、牵出班级突发事件，分析思考	1. 事件：午餐时有同学往另一位同学餐盘中倒水，这位同学气愤之下将畚箕丢过去，误伤班级同学。 2. 思考分析：责任归因？有哪些举动是不应该的？为什么？	1. 思考事件，分析原因。 2. 在这件事发生的过程中，自己做了什么？又对事情的发展起到了怎样的影响？	思考班级共同问题时反躬自省。

续 表

教育内容	教师活动	学生活动	策略说明
三、如何让“德米安”进入我们的生活？	1. 如果我们是德米安，如何引导班级中犯下错误的同学？ 2. 德米安还有没有其他的意义？	1. 理解“德米安”是引导者，思考在班集体共同生活中，我们该如何互相引导互相帮助，促成我们共同的成长与进步。 2. 发现“德米安”不仅仅只是辛克莱的“引导者”，更是辛克莱自己的自我引导。	思考“德米安”的深层含义，引导学生意识到在成长过程中，自我发现、自我引导的重要性。
四、反躬自省，总结课堂	1. 在我们自己的生活中，你曾经遇到的“德米安”是谁？ 2. 在班级中，我们该如何进行自我引导和对他人的引导？ 3. 你在成长过程中有没有困惑？有没有想对他人说，却一直无法说出口的话？写下来。	结合阅读经历与身边事的思考，自由发言。	联系自身，深化学生对自我引导重要性的认知。

3. 联系在这次事件中犯错的学生，将孩子的做法以及背后存在的心理与家长交流，并以《德米安》为例与家长共同商讨如何针对孩子的个性特点进行家校共同的引导和教育。

4. 家长会上，将孩子们对《德米安》一书结合自己现在的困惑所写的感受及“想对家长说的话”以书面的形式交给每一位家长，架通孩子与父母沟通的桥梁。

三、教育反思

1. 学校，构建孩子与家长沟通的桥梁。

家校共育，应当是家长本位，从引导个别学生身心优化发展开始，到促使家庭和谐发展，最终让整个班集体都和谐、科学发展。青春期的孩子之所以会和父母发生众多矛盾，究其原因，还是“沟通”的桥梁没有搭建。孩子不知道该怎么与父母交流自己的困惑与矛盾，只觉得外面的世界不理解自己，家长不知道怎么进入孩子的世界，于是更加焦急，反而起到反效果。因此，家校共育首先要帮助孩子和家长搭建家庭沟通的桥梁。

2. 阅读的魔法，在于思想，更在于陪伴。

我们班的阅读分享已经持续两年，在这两年中，教师的付出，孩子、家长都看在眼里，因此无论学生抑或家长，对班主任首先有一种信任与支持，于是在班主任工作和家校共育工作中，许多环节因为彼此间的信任而顺利很多，而这是需要班主任在工作中不断通过对孩子的用心付出而营造的。

之所以采用阅读的方式，不仅仅是因为我本身是语文老师，也因为曾经有家长与我交流过，与孩子一同读书时的乐趣。处于青春期的孩子往往既自尊又自卑，阅读既能给予他们平等的交流平台，也能让他们听到同年龄的同学以及成年人之间的想法，通过微信平台，能够让他们克服内心的羞涩，而将《德米安》这本符合学生心理特点的书带入班级问题之中，让学生们静下心来思考怎么“知行合一”，这也是“阅读的魔法”。

(5) 构建特殊需求的咨询辅导机制

针对特定需要群体：亲子沟通不畅，家长与孩子争执不断，甚至有的家长沟通焦虑问题已经有了外在表现(睡眠、饮食有困难等)。学校心理老师主动与班主任协作，共同接待特殊需要家长，并接受家长个别咨询预约。与此同时心理老师与上海交大咨询师、复旦大学在校心理硕士共同为家长开设团体心理辅导活动，以每期四次，每次2小时的方式，开展特殊需求家长团体辅导(图9-2)。先后开展了主题为《助力中考》

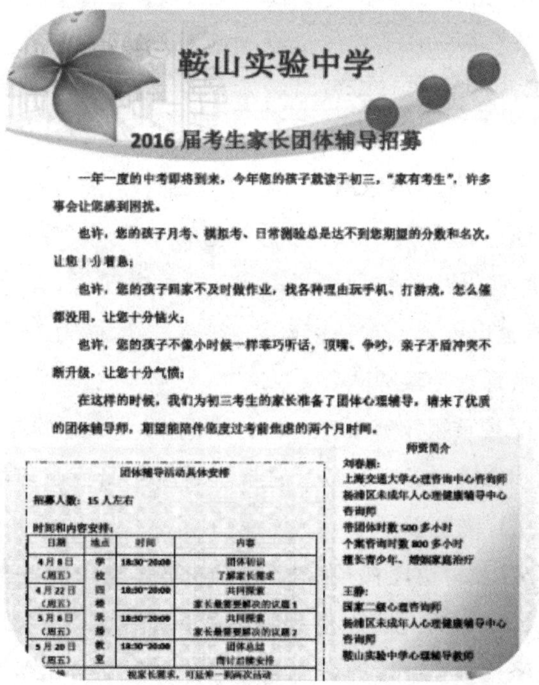

图9-2　家长团体辅导招募海报

《走近孩子的心》《初中，让人欢喜让人忧》《孩子正青春》的团体辅导活动，许多家长反馈在这样的团体活动中，体验到了孩子的感受，了解了青春期的特点，也看到了自己与孩子沟通方式中的不足，帮助家长改善亲子互动方式，促进亲子沟通，提升家庭教育实效。

4. 建设家庭教育师资队伍

学校重视家庭教育指导的师资队伍建设，要求每位教师都能充当家庭教育的辅导员，特别将家庭教育指导作为班主任的基本功。创造条件推荐教师参加市、区举办的家庭教育或心理健康教育的辅导班、研修班，不断充实教师的专业知识，提高专业水平。

(1) **借力专家团队：**利用专家优质资源，培育一支既胜任指导学生，又胜任指导家庭教育的优秀师资队伍。学校请市、区家庭教育专家学者作为指导团，利用校本培训、教工学习和班主任会议，开展分类别、多方式的教师辅导培训，指导教师如何正确处理好与家长的关系、家访时应注意哪些问题、如何指导家长合理进行家庭教育等等。通过培训辅导，教师对家庭教育的指导能力明显提升，能充分利用各种渠道，通过多种方式帮助家长更新教子观念，树立正确的育人观，掌握亲子沟通技巧。

(2) **自培机制：**学校每学年挑选有志于家庭教育的优秀教师参加市级家庭教育指导师的培训。家庭教育指导工作小组将学校家庭教育工作与选派教师培训相结合。安排教师参加培训之前，将家长学校的阶段重点工作分解为工作任务，如优化学校家庭教育组织结构和运行机制；设计学校家庭教育的主题；设计一次家庭教育活动并开展实践……与培训老师共同研讨确定一项工作任务，让教师带着项目任务参加学习，将学习与工作相结合。教师学习培训结束后，向家庭教育指导工作小组汇报项目任务成果，工作小组评估通过后付诸实施。同时，通过班主任经验交流会等形式，为学校教师提供互相交流和学习的机会，鼓励教师写有关方面的论文，大力加强家庭教育的科研工作。通过系列措施形成了一支特色鲜明、素质过硬、能力突出、勤奋敬业、关心孩子、为人师表的家庭教育指导教师队伍。

(3) **交流机制：**学校重视家庭教育资料的建设，设置固定的办学经费，购置了供家长参阅的报纸、杂志和书籍，如《家庭教育时报》《青少年研究》《家庭教育》《素质教育》《父母必读》《我们是怎样教育孩子的》《感受成功》等在家长课堂上介绍给家长，还重点推荐网络上成熟的家庭教育讲座视频给家长，动员鼓励家长加强自学，做孩子的榜样，并布置相关要求家长完成的作业，以达到督促家长加强自觉学习、不断充电的作用。长期以来，学校始终坚持营造良好的交流氛围，在班级层面，由班主任组织家长，在家中读书读报过程中发现的具有科学性、艺术性和时代性的教子方法进行摘抄，在班级家长会上推荐好的“教子心得”，阐述推荐理由，由此引起更广泛的同伴共鸣，通过更多的实践案例来帮助其他家长提升处理家庭教育老大难的问题，育儿能力得到重点提升。

附件 1：鞍山实验中学家长学校各项制度汇总

【家长学校学习制度】

1. 按时到校上课，不早退、不迟到、不旷课，有事请假。

2. 专心听讲，勤于思考，认真完成作业。

3. 尊敬老师，听课不吸烟，不随便讲话。

4. 讨论时积极发言。

5. 学年末参加考核，写好家庭教育的经验。

6. 学习理论和实践结合，及时和教师沟通学生在家的表现。

【家长学员考核制度】

1. 每年对所有学员进行一次考评，考评分模范家长、优秀家长、合格家长、基本合格家长四个层次。

2. 根据家长学员出勤、作业质量、教育孩子情况等内容进行考评。

3. 评出模范家长必须有成形的经验材料，符合模范家长条件。学校设光荣榜并给予表彰奖励。

4. 对基本合格，再组织个别培训。

【家长学校职责】

1. 以新时代教育思想为指导，宣传党的基本路线，宣传党的教育方针，弘扬中华民族优良传统。

2. 帮助学生家长树立正确的家庭教育思想和观念。

3. 帮助家长了解孩子生理、心理发展的特征，掌握科学的教育方法和技能。

4. 指导家长为孩子的成长创造良好的家庭环境，促进家庭文明建设和青少年的健康成长。

5. 让学生家长更加全面了解学校、支持学校工作。

【家长委员会义务】

1. 以各种可能的形式协调和支持学校的教育改革，提高教育质量。

2. 通过各种渠道了解家长对学校教育的要求，宣传学校教育工作的成果和向学校提出教育改革的信息，促进尊师重教。

3. 努力办好家长学校，带头学习家庭教育知识，发动家长订阅家庭教育报刊，提高家长育儿能力。

4. 协助班主任做后进生转化。

5. 协助学校、班级调解学校、班主任、家长之间争议。

6. 与妇联、社区、街道、关工委和青少年教育组织保持横向联系，以实际教育工作建设社会主义精神文明。

【家长学校工作制度】

为了提高家长学校办学水平，推动家庭教育与学校教育的有机结合，促进学生综合素质的全面提高，特制订如下工作制度：

1. 认真领会各级文件精神，围绕家长学校的有关要求，结合家长学校工作实际，每学年制订好工作计划。

2. 家长学校领导、教师根据工作计划要制订自己的工作目标。

3. 坚持搞好家长的培训工作，并定期抽查培训的效果。

4. 对家长学校教师的备课要定期开展检查。

5. 每学期开好家长座谈会，听取家长的意见，进一步改进学校工作。

6. 每学年进行评优活动，要树立各方面好的典型，作好经验总结。

【家长委员会的权利】

1. 听取学校的工作报告，了解学校工作计划、收费情况，有权对学校有关工作提出咨询，并随时提出办学的意见和建议。

2. 制定家长学校的办学纲要和办学计划，聘请家长学校教师并负责组织教学。

3. 积极协助学校召开家长会议，研讨有关事宜并做出相应的决议。

4. 运用各种形式总结和交流家庭教育的经验，评选和表彰好家长。

5. 有权向上级主管部门反映意见和建议或向家长提出有关要求。

6. 有对学校任课教师进行综合评价的权利。

7. 审议家长委员会资金开支计划。

8. 对学校评选“三好学生”“优秀学生干部”“优秀团员”有建议表彰奖励的权利。

9. 有向其他学生家长解释学校有关决策的权利。

【任课教师工作制度】

1. 任课教师应爱岗敬业，教书育人，为人师表。

2. 任课教师应具有扎实的基本功和理论水平。

3. 经常自学,不断提高业务水平。

4. 上课前认真搜集资料,备好课。

5. 按时上课,不迟到。

6. 做好参训家长的考勤记载。

7. 认真答复家长的咨询。

8. 及时做好阶段性总结。

第二节　关于高中阶段学校考试招生制度改革的家庭教育指导

1. 问题背景

中考改革,大幕开启。2016年9月20日,教育部召开新闻发布会,披露了中考招生制度改革的具体细节,印发《教育部关于进一步推进高中阶段学校考试招生制度改革的指导意见》(教基二〔2016〕4号),明确到2020年左右初步形成基于初中学业水平考试成绩、结合综合素质评价的高中阶段学校考试招生录取模式和规范有序、监督有力的管理机制。

2018年3月21日,上海市教育委员会公布了《上海市进一步推进高中阶段学校考试招生制度改革实施意见》,明确"完善初中学业水平考试制度","完善初中学生综合素质评价制度"和"深化高中阶段学校招生录取改革"三方面的改革措施。怎样快速适应考试改革是摆在学生、家长、教师面前的难题,中考改革方案的出炉给学生、家长、老师和学校带来了更多的挑战。教师如何指导家长有效开展家庭教育,形成家、校合力,共同应对中考改革,成为教师家庭教育实务指导的基本功。

中考改革的家庭教育指导,包括中考改革政策指导和考生家庭教育指导。

2. 初中教师开展家庭升学指导基本原则

上海市教委公布《上海市进一步推进高中阶段学校考试招生制度改革实施意见》(以下简称《实施意见》)。《实施意见》是根据国务院、教育部有关要求,经过两年多研究论证,在广泛听取各方代表意见建议的基础上,结合上海实际制定的。教师开展家庭教育指导时,可以把握如下几个原则:

(1) 优先疏导情绪

中考改革往往与孩子初中阶段的学习联系在一起,初中阶段的学生应对的能力有限，主要还是依赖家长。家长基本都是第一次面对孩子的中考，面对政策变化，难免会急躁，甚至有时会轻信谣言。因此，教师首先要疏导家长的情绪，引导家长客观全面地把握政策，合理应对。

《实施意见》全文可登录“上海教育网“（www. shmec. gov. cn）、”上海教育新闻网”（www. shedunews. com）查阅。此外，上海市教委还将通过报刊、广播电视、网站、微博、微信等途径，做好相关政策的宣传解读工作，并通过“上海招考热线”（35367070）、“上海教育”政务微博微信等方式做好咨询服务工作。

中考政策的家庭教育指导，不是到初三才进行，而是从孩子小学升初中就开始，贯穿在孩子初中学习的全过程中。这样家长才能从长计议，沉着应对。

（2）全面把握政策

中考改革是教育整体改革的举措之一，不要孤立看待改革、理解政策。教师必须立足教育改革整体上引导家长把握中考改革的根本意图。这样，才能将中考改革政策指导与日常的学习指导统一起来。

此次中考改革全面贯彻党的教育方针，落实立德树人根本任务，坚持以下基本原则：一是全面考查，注重能力。坚持育人为本，关注共同基础，防止初中学生过度偏科。关注学生综合素养和个性特长的培育，丰富学生的学习实践经历，提升学生问题解决能力，扭转片面应试教育倾向。二是综合评价，多元录取。遵循科学的人才选拔和培养规律，建立健全多元多维综合评价体系，全面反映初中学生综合素质发展状况。通过综合评价、多元录取改革，增强高中阶段学校与学生双向选择的多样性和针对性，促进高中阶段学校特色多样发展。三是促进公平，加强监督。健全高中阶段招生录取机制，完善招生规则程序，加强信息公开，切实保障考试招生程序公开、结果公正、监督有力，为学生创造平等机会，努力促进义务教育优质均衡发展。四是统筹规划，系统改革。加强统筹规划，系统设计中学考试评价改革与课程教学改革、中学招生制度改革以及高考综合改革，形成推进素质教育的整体合力。通过考试招生制度改革，促进普通教育与特殊教育、普通高中教育与中等职业教育联动发展。

从教育改革整体的视角看待中考改革政策，才能保证对政策理解不偏不倚。家长才能将孩子的日常学习与中考改革紧密联系起来，形成家校合力。

（3）立足学生成长

站在孩子人生的坐标轴上，面对中考、理解政策。因此，对家长进行中考政策指导，要立足孩子成长，关注孩子的人生。尽量减少简单、孤立地就中考谈中考，否则就容易让中考成为包袱。站在孩子人生的坐标轴上，进行中考政策指导，就能适时地将中考政策与人生观、价值观、人才观有机地联系在一起。在中考政策指导过程中，引导孩子树立理想，为孩子的成长装上动力源。

(4) 把握心理特征

毕业班的家长们总是处于激动和兴奋之中，有的烦躁不安，有的束手无策，家庭教育应关注些什么呢？身为父母，能为孩子们做点什么呢？这是家长最为需要的。

初三年级学生的心理特点：思维能力空前提高、理想压力空前增大、理想热情大打折扣、异性交往有所分化、自我叛逆日益强烈、厌学情绪继续激化、自我管理两极分化。

初三年级学生的主要行为表现：心理浮躁、力不从心、欲速则不达、作息时间不当、攻关不下情绪焦虑、不知如何应对家长的压力。

3. 给家长的建议

家庭行动，营造氛围；

关注动态，观察心境；

定期谈心，鼓励上进；

控制时间，适当放松；

提供帮助，搞好后勤；

科学定位，心态摆正；

保持联络，信息畅通；

吃透政策，选准学校。

【案例】 我不想考高中了

（执笔人：胡然）

初三的二模考刚结束，同学们都焦急地等待着分数，以此来指导填志愿。正当我看小汤同学的随笔："初三的我愈加劳累，父母沉甸甸的爱，却使我们喘不过气。自初三开始，我一直加倍努力，却不知道为什么而不见成效。看着父母充满期望的眼神，我犹豫了……

这时，办公室响起了敲门声，原来是小汤同学的妈妈。这位一贯强势的母亲一见我，就焦虑地说："老师，您说这个社会不考高中还有什么出路，职校两三点就放学，哪有学习的样子……我们为了她能考上高中尽了一切努力，她现在却说不想考高中了。最近，只要谈到读书，就天天吵架！您说我该怎么办呀！"

听到小汤妈妈的话，是把小汤同学找来批评一通？还是好好与小汤同学做做工作？或是让小汤的妈妈听她的……

我的脑海里像放电影一般浮现小汤的情况：小聪明、最近一次考试居然进入B层(能进高中)，但是懒惰、怕吃苦、逆反。这样的孩子，在人生的十字路口，容易自弃、怅然若失，太需要家长和老师的关心和疏导。于是，我只能稳定小汤妈妈的情绪，让她别着急，避免矛盾升级。然后，再进一步了解小汤同学的情况再作决定。

放学后，我有意让小汤同学来帮忙做点事情。在她放松之际，我装作不经意地问起中考志愿的情况，小汤同学欲言欲止，于是，我鼓励说："你说说看，有什么想法或者有什么困难。"

小汤同学终于倾吐压在心底已久的想法：不想考高中了，我已经累够了，努力过了却丝毫不见成效，我不再想做没有用的努力。说完后，她好像舒了口气，终于把心底话说出来了。

我停顿了片刻说："你有没有想过，你不上高中以后干什么？你不上高中，上什么学校呢？"然后，继续说："不考高中不代表不能成才，只是在你说服父母之前，你要好好想想你的未来到底要做什么，而不是不要做什么！"

小汤同学没想到，我不仅没有反对她的想法，还让她想办法说服父母。这时小汤同学的眼睛有点湿润了：其实，我也理解父母的想法，只是想着高昂的补习费，看着父母奔忙的身影，怕他们的付出前功尽弃。此时，我却轻描淡写地说："没事，你再想想怎么说服父母吧！"

晚上，我约小汤的爸爸妈妈一起来到学校，把小汤的想法与他们进行沟通。我分析小汤同学的情况：面对升学目标与学习现状的矛盾，感觉力不从心，热情大打折扣，自我管理不强。表现在行为上：情绪不稳定，不知如何应对家长的压力，有叛逆的表现。这种分析得到了家长的认同，于是我与家长进一步分析。根据当前的中考政策，小汤同学想不想考高中与家长的要求不产生矛盾，关键是初三的最后阶段是否还需要努力？于是，我建议：

1. 疏导孩子的情绪。肯定孩子自己努力着，却还怕家长失望的懂事表现，肯定孩子做出这种决定是一种艰难的选择，传达父母对孩子的信任。让孩子觉得自己长大了，是个对自己负责的人。

2. 鼓励孩子继续努力。顺着孩子的想法，站在孩子人生的坐标系上，与孩子一起探讨面对的问题。不简单地去反对要不要考高中，而是肯定孩子，不考高中也能成才。但是，要告诉孩子，成才是需要努力的。现在不考高中并不是放松自己可以不用努力了，而是更要加倍努力。争取在这个问题上与孩子形成共识。

3. 调整家长的观念。既然孩子在努力，家长就应该欣慰。根据现在的中考政策，孩子在努力，学习水平提高到了高中水平，自然就能进高中。不需要纠结要不要考的问题上。退一步说，即使通过努力后，还是没有达到高中的水平。按照现在的政策，将来孩子还是有很多路径可以进大学。只有家长调整好自己的观念与心态，相信和鼓励孩子，这样有利于孩子放下包袱，调整好学习状态。

所幸，小汤妈妈及时做了调整，亲子关系融洽许多，小汤也考取了高中。当然，最重要的是，面对人生的选择，她和她的父母都会更智慧和从容！

案例　微时代，班级管理之家校沟通创新实践研究

（执笔人　刘钢）

一、研究概述

（一）研究背景

班级管理的根本目的是使学生全面、充分的发展。而班级学生的成长是学校教育和家庭教育共同作用的结果。没有家庭教育的学校教育和没有学校教育的家庭教育都不可能完成培养人这一极其细致和复杂的任务。教师和家长都是无可替代的教育者，只有两者紧密合作、才能形成有效的家校合力。成功的家校合作需要良好、高效的家校沟通。班级管理工作中，家校沟通的内容、途径和实施方法，直接影响家校合力的形成和对学生教育的效果。

随着以微信等作为传播媒介代表，以短小精悍作为文化传播特征的微时代的到来，以及微信等新媒体技术的广泛使用，家校沟通的方式也发生新的变化。班主任与家长之间的交流变得越来越便捷，家校沟通中越来越多地出现微信等新媒体平台并成为家校沟通不可或缺的一部分。

一个新时代的到来，一种新技术的运用，往往开始都不是完美的，有许多地方需要改进和完善。微时代，班级管理工作中微信等新媒体家校沟通平台的应用现状、效果、

改进、创新等问题，值得深入研究。

（二）研究目标、内容与价值

1. 核心概念的界定

微时代：微时代是以作为传播媒介代表，以短小精炼作为文化传播特征的时代。微时代信息的传播速度更快、传播的内容更具冲击力和震撼力。微时代传播交流信息乃至进行情感沟通，仅仅通过百余字就完全可以实现。对于接受者而言，消化信息的时间非常有限，而信息内容与数量却异常丰富。

班级管理：班级管理是教师根据一定的目的要求，采用一定的手段措施，带领全班学生，对班级中的各种资源进行计划、组织、协调、控制，以实现教育目标的组织活动过程。班级管理是一种有目的、有计划、有步骤的社会活动，这一活动的根本目的是实现教育目标，使学生得到充分的、全面的发展。

家校沟通：沟通是指人们在社会活动中为了彼此了解、相互合作，通过语言等多种媒介而进行的信息传递、思想交流的行为；是将信息编译，并通过各种媒介在人与人之间传递和理解的过程。家校沟通是指家庭和学校为了实现共同的教育目标，而彼此了解、相互合作，通过语言等多种媒介进行信息传递、思想交流的行为。

创新：创新是以新思维、新发明和新描述为特征的一种概念化的过程。创新是人类特有的认知能力和实践能力，是人类主观能动性的高级表现形式，是推动民族进步和社会发展的不竭动力。

基于以上界定，我们认为：微时代，班级管理之家校沟通创新实践，就是在微时代背景下，为了实现共同的教育目标，班主任创新利用微信等新媒体平台，与家长进行信息传递、思想交流，彼此了解、共同合作的行为实践。

2. 研究目标

设计受试者分别为班主任和家长的调查问卷，分析搜集到的数据和资料，了解家校沟通中微信等新媒体平台的使用现状和效果，发现存在的问题。探索、实践创新的微时代的家校沟通的内容、途径与实施方法，提升家校合作的实效性，最终形成研究论文。

3. 研究内容

（1）通过调查问卷和访谈的方式，研究家校沟通中微信等新媒体平台的使用现状和效果，分析存在的问题。

（2）探索、实践微时代的创新家校沟通内容、途径和实施方法，提高家校沟通的效果，加强家校合作。

4. 研究价值

班主任在班级管理工作中希望得到家长的支持，家长在教育子女时希望得到班主任的指导。建立一个高效的家校沟通通道，家庭教育和学校教育互相配合、形成合力，教育的实效性必将提升、学生的发展必将更加顺利。

本人和课题组成员目前担任班主任工作。我们希望通过课题研究了解微信等新媒体平台在家校沟通中使用的效果，探索微时代的家校沟通的内容、途径和实施方法，利用微时代信息的传播速度更快、传播的内容更具冲击力和震撼力的特点，吸引、激励家长参与学校教育，提升育人实效，引领学生全面、充分发展。

二、实施方法与过程

2017年3月29日，在学校召开了开题论证会。会上邀请了上海市德育实训基地主持人黄静华老师、上海市中小学德育研究协会张小敏老师等。与会专家充分肯定了课题的价值，也提出了许多建设性的建议和意见。希望课题组成员们能在理论中学习、在总结中反思、在课题中探索，在当前微时代背景下，摸索出创新的家校沟通内容、途径与实施方法，提升家校合作的实效性。

此后，课题组成员一起利用网络搜索、资料查询、了解他人的相关研究，查找国内外有关“微时代”和“家校沟通”的资料，为课题的研究提供借鉴。我们认识到随着微时代的到来和微信等新媒体技术的广泛使用，家校沟通也悄然发生着变化。创新的家校沟通内容、途径和实施方法可以给予家长正确的家庭教育指导、引导家长与学校教育形成合力，促进学生全面、充分发展。

2017年10月18日，课题组成员举行了中期论证会，课题负责人刘钢介绍了课题研究的背景和价值、课题研究的主要进展、成果与成效以及下阶段研究工作的计划等几个方面情况。会上专家肯定了我们课题研究的价值，更是对于课题研究中的问卷设计及后阶段研究工作提出了宝贵的建议。通过以上程序讨论，使我们更清晰地认识到了自己的研究方向和内容。

（一）基线调研，进一步明晰研究方向，完善研究方案

课题组在初中学段学生家长和班主任中分别做了关于“微时代，家校沟通情况”的调查问卷。结果显示：94%的家长认为微信等新媒体平台的使用有助于家校合作，而班主任的比例达到100%；94%的家长支持班主任使用微信等新媒体平台与他们沟

通，与此相对应，有95%的班主任愿意使用微信等新媒体平台与家长沟通。另外，还就现今家校沟通的方式和内容、家长和班主任微信等新媒体使用、当前家校沟通中新媒体平台的应用等现状，以及家长与班主任关于微时代家校沟通的需求和期望进行调查，为探索创新的家校沟通内容、途径和实施方法奠定基础。

现今家校沟通的方式和内容

		家长	班主任
方式	家长会、家长开放日	80%	88%
	家校联系簿、学生成长记录册	49%	65%
	教师家访	23%	72%
	电话	41%	86%
	家长校访	11%	68%
	微信等新媒体平台	89%	93%
内容	各类通知、政策信息	86%	90%
	各类教育问题和教育方法	44%	76%
	孩子学习成绩	90%	89%
	孩子作业、听课情况	91%	85%
	孩子参与学校活动表现	56%	81%
	孩子与同学相处情况	47%	85%

微信等新媒体使用现状

		家长	班主任
主要平台	微信	96%	97%
	QQ	2%	2%
	微博	2%	1%
	飞信	0%	0%
	其他	0%	0%
使用频率	经常使用	83%	96%
	有时使用	14%	3%
	偶尔使用	3%	1%
	从不使用	0%	0%

家校沟通中，微信等新媒体平台应用现状

<table>
<tr><th colspan="2"></th><th>家长</th><th>班主任</th></tr>
<tr><td rowspan="8">使用平台</td><td>微信</td><td>100%</td><td>100%</td></tr>
<tr><td>QQ</td><td>4%</td><td>30%</td></tr>
<tr><td>微博</td><td>2%</td><td>5%</td></tr>
<tr><td>飞信</td><td>0%</td><td>2%</td></tr>
<tr><td>晓黑板</td><td>10%</td><td>55%</td></tr>
<tr><td>校讯通</td><td>8%</td><td>0%</td></tr>
<tr><td>铃铛</td><td>0%</td><td>2%</td></tr>
<tr><td>其他</td><td>0%</td><td>0%</td></tr>
<tr><td rowspan="4">使用频率</td><td>经常使用</td><td>91%</td><td>97%</td></tr>
<tr><td>有时使用</td><td>5%</td><td>2%</td></tr>
<tr><td>偶尔使用</td><td>3%</td><td>1%</td></tr>
<tr><td>从不使用</td><td>1%</td><td>0%</td></tr>
</table>

微时代家校沟通的需求和期望

<table>
<tr><th colspan="2"></th><th>家长</th><th>班主任</th></tr>
<tr><td rowspan="3">使用新媒体平台</td><td>愿意</td><td>94%</td><td>95%</td></tr>
<tr><td>无所谓</td><td>6%</td><td>5%</td></tr>
<tr><td>不愿意</td><td>0%</td><td>0%</td></tr>
<tr><td rowspan="10">期望沟通内容</td><td>回复、询问通知</td><td>64%</td><td></td></tr>
<tr><td>了解孩子学习情况、在校表现</td><td>82%</td><td></td></tr>
<tr><td>探讨教育问题、发布教育信息</td><td>83%</td><td></td></tr>
<tr><td>为班级活动和管理出谋划策</td><td>46%</td><td></td></tr>
<tr><td>其他</td><td>2%</td><td></td></tr>
<tr><td>发布通知</td><td></td><td>92%</td></tr>
<tr><td>反馈孩子学习情况、在校表现</td><td></td><td>89%</td></tr>
<tr><td>探讨教育问题、发布教育信息</td><td></td><td>87%</td></tr>
<tr><td>为班级活动和管理征集建议</td><td></td><td>75%</td></tr>
<tr><td>其他</td><td></td><td>5%</td></tr>
</table>

通过上述基础性工作的开展，课题组成员进一步明确研究的方向和内容，希望通过课题研究，有效利用微信等新媒体平台来提升家校沟通的效果。同时，通过上述基础性工作的开展，细化研究的目标和任务，根据班主任和家长的使用习惯与偏好，确立以微信平台为家校沟通主要途径，依据家长和班主任的实际与需求，设计并实施“家庭教育微讲座”“班主任热线”“疑难会诊”“精彩在线”“精彩回放”“成长记录册”等板块内容。并在此基础上设计出“超级家长会”“教育阵线联盟”“开放教室”等板块内容。

（二）家校沟通中微信等新媒体平台的使用现状的研究

此次研究使用问卷，调查对象年龄跨度从30岁以下到50岁以上，其中50岁以上家长占比6%、班主任占比11%。调查前认为这一年龄段的家长和班主任会出现不使用微信等新媒体的情况，但调查结果显示：无论年龄差异，100%的调查对象在日常生活和家校沟通中选择使用微信等新媒体平台。微信、晓黑板、QQ是三种在家校沟通中最常被使用的新媒体平台，其中微信平台更是因为其普及性和便捷性的特点成为100%家长和班主任的首选。随着智能手机的普及，微信平台以其操作使用方便、信息传递快捷、内容易保存、易复制传播的特点，受到人们的青睐，成为日常生活不可或缺的一部分。微信平台自然也成为家校沟通的最主要途径。

同时，100%的家长和班主任在问卷中确认建有班级家长微信群，用于家校沟通。但数据显示家校沟通中微信平台的使用情况不甚理想，没有充分发挥微信平台的作用和优势，存在诸多问题。

1. 家校沟通途径单一

微信平台因其便利性和互动性，受到家长和班主任的青睐，成为家校沟通的首选新媒体平台。微信平台向每个使用者提供了私聊、微信群、朋友圈、微信公众号平台四大沟通途径。虽然问卷调查结果显示每个班级都建有班级家长微信群，也有班主任和家长通过私聊实现家校沟通，但单一的沟通途径并不能完成家校沟通的全部任务，体现微信这一新媒体平台相较于传统家校沟通途径的优势。

2. 家校沟通组织无序

随着入学高峰的到来，班级人数不断攀升，除了学生的父母，有时班级家长微信群还需邀请班级任课老师加入，甚至有时学生的爷爷、奶奶、外公、外婆也会不请自入。问卷调查结果显示：95%的班级家长微信群由班主任建立和管理，其中近11%的群由班主任和家长共同管理。虽然班主任身为班级家长微信群的管理者，但由于微信群去中心化的特点，并不能发挥其在家校沟通中的主导作用。又因为群成员人数众多，班级家长微信组织无序、管理混乱，群内信息过剩、无用信息泛滥、甚至出现负面信息，家校沟通的效果大打折扣。

3. 家校沟通内容碎片化

问卷调查结果显示：97%的班主任通过微信群发布通知，而84%家长在班级家长微信群发言的主要内容是回复、询问通知。班级家长微信群只是完成了通知发放的任务。部分班主任也会不定时地在群内转发教育文章、育儿经验等，在朋友圈晒学生活动的照片，但多为随机行为，沟通内容缺少计划性和连续性。班主任和家长有时为了解决突发事件，通过微信私聊建立的家校沟通，其内容也多为突发事件的处理与解决。碎片化的沟通内容无法真正发挥微信等新媒体平台在家校沟通中的作用。

4. 家校沟通对象不平等

班主任特殊的身份决定了其大多数情况下扮演着家校沟通主导者和沟通内容发布者角色，而家长只能充当被沟通者和信息接受者。家校沟通双方地位的不平等，制约着家长参与家校沟通的积极性和主动性。同时，班主任精心准备的沟通内容，群成员回应者却寥寥无已，也挫伤着班主任家校沟通的积极性和主动性。问卷调查结果显示：17%的家长加入了群成员没有老师的班级家长微信群，这也不失为一种家校沟通遇到障碍时的补救措施，但没有老师参与的家校沟通是不完整的。

5. 家校沟通反馈延时

家校沟通中使用微信平台，因其超越时空限制的特点，可以避免传统沟通方式双方时间不对等的尴尬。但家校沟通内容如需要即时回复，又不可避免地会遇到时间不对等的情况，导致家校沟通反馈延时。

(三) 微时代，创新家校沟通内容、途径与实施方法的实践研究

课题组成员在前期调查问卷的结果基础上，充分了解微信平台的优势，分析微信平台在家校沟通中使用的现状，针对存在的问题和班主任与家长沟通的需求，确立家校沟通的内容板块、选择适合的家校沟通途径、设计可行的家校沟通实施方法。

1. 家校沟通公约的制订

研究过程中，成员们都认识到目前家校沟通中使用微信平台产生的许多问题都是由于管理的缺失和组织的不到位，而在实践中我们也发现家校沟通开展前相关公约的制定，有助于避免沟通无序、管理混乱的局面。

家校沟通公约应包括沟通目的的说明、沟通行为的规范、沟通参与者的职责三方面的内容。沟通目的的说明是为避免家校沟通过程中，因目的不清而产生的无效信息，增加沟通双方时间和精力的消耗，降低沟通的效果；沟通行为规范是通过事先声明的方式，杜绝可能产生的问题阻碍沟通顺畅开展的行为，保证家校沟通的实效性；沟通参与者的职责是为明确每一位参与沟通者的任务和要求，也是为了激发参与者的主动性和积极性。同时，为保证制订的公约能在家校沟通中发挥其应有的作用，应在沟通开始前由参与者共同制订，并根据需要随时作出调整。

如，班主任要建立一个微信群发布学校通知和每天作业，可在建群前起草微信群公约，提交给家长讨论通过。公约的内容应说明该微信群是用来发布学校通知和每天作业，学生家长只需一人实名入群，通知和作业发布后无需回复，以保证每一位群成员都能看到重要的信息等内容。如果微信群的功用发生改变，可以根据需要及时调整群公约，保障微信群的功用有效发挥。

2. 创新家校沟通内容板块的确立

有效的家校沟通是良好家校合作的基础。微时代，创新家校沟通的有效性必然体现在家校沟通的内容是否满足班主任和家长的沟通需求，是否解决传统家校沟通或当前微时代家校沟通存在的问题。课题组成员按照自身经验，根据调查问卷数据分析结果，针对家校沟通的需求和目前存在的问题，经过讨论确立创新家校沟通的四大模块：家庭教育指导、个别化指导、校园生活、家庭生活。并在这四大模块基础上根据实际需求确立更具体的板块内容。

创新家校沟通的内容板块

模块	板块名称	内　　容
家庭教育指导	家庭教育微讲座	◆ 家庭教育理念 ◆ 家庭教育方法
	教育阵线联盟	◆ 家长教育经验交流 ◆ 家长成功案例分享
	超级在线家长会	◆ 社会热点对教育影响 ◆ 教师应对方法指导 ◆ 家长应对经验交流
个别化指导	疑难会诊	◆ 学生共性问题家庭教育指导
	班主任热线	◆ 突发事件处理 ◆ 学生个性问题家庭教育指导

续　表

模块	板块名称	内　　容
校园生活	开放教室	◆ 学生在校表现集锦
	精彩在线	◆ 班级、学校活动直播
	精彩回放	◆ 班级、学校活动集锦
家庭生活	成长记录册	◆ 学生在家表现集锦

以“班主任热线”板块为例。

传统的“班主任热线”是班主任和家长通过电话沟通，经常会遇到电话无人接听、手机不在服务区等问题，即沟通双方时间不对等的问题，导致沟通无法进行。即时双方能够建立起沟通，但因使用的沟通媒介为语言，会出现沟通信息失真、沟通内容无从查找等问题，导致沟通无法顺畅进行。

往往，家长又急切希望通过“班主任热线”与班主任沟通发生的紧急事件，寻求班主任的个别指导，得到班主任的帮助，寻找到解决的办法。但传统的“班主任热线”显然无法很好地满足家长们的需求。因此，课题组成员讨论决定创新家校沟通板块设置“班主任热线”的内容，利用微信平台的便捷性和多种沟通媒介的优势，弥补传统“班主任热线”的不足，真正发挥“班主任热线”的作用。微信私聊的内容不用担心对方是否在线、不用担心会丢失，只要对方有空闲时间一定能及时地予以回复，建立沟通。沟通过程中，除了文字之外，还能使用语音、图片、小视频等媒介强化沟通内容，提升沟通的效果。

3. 创新家校沟通途径的选择

微信平台可供选择的沟通平台有私聊、微信群、朋友圈、微信公众号四种，都具有沟通信息发布便捷、沟通互动性强、传播速度快，影响面广等特点。私聊是班主任与家长之间一对一的沟通，适合内容为学生个性问题的家校沟通。微信群、朋友圈、微信公众号都是一对多的沟通，但沟通媒介存在差异、沟通具体对象不同、沟通信息反馈的方式也不尽相同。

微信平台沟通途径

沟通途径	私聊	微信群	朋友圈	微信公众号
沟通媒介	文字、语音、图片、短视频	文字、语音、图片、短视频	文字、图片、音频链接、视频链接	文字、图片、音频、视频

续 表

沟通途径	私聊	微信群	朋友圈	微信公众号
沟通对象	一人	多人(群成员)	多人(微信好友,可选择)	多人(公众号关注者,可选择)
沟通反馈	回复	回复	点赞、评论(可见)	点赞、评论(可选择)

在研究、了解微信平台四种沟通途径的特点,课题组成员经过讨论,选择适合沟通内容的家校沟通的途径。

创新家校沟通途径

板块名称	内　　容	途　　径
家庭教育微讲座	◆ 家庭教育理念 ◆ 家庭教育方法	微信公众号
教育阵线联盟	◆ 家长教育经验交流 ◆ 家长成功案例分享	微信群
超级在线家长会	◆ 社会热点对教育影响 ◆ 教师应对方法指导 ◆ 家长应对经验交流	微信群
疑难会诊	◆ 学生共性问题家庭教育指导	微信公众号
班主任热线	◆ 突发事件处理 ◆ 学生个性问题家庭教育指导	私聊
开放教室	◆ 学生在校表现集锦	微信群
精彩在线	◆ 班级、学校活动直播	微信群
精彩回放	◆ 班级、学校活动集锦	微信公众号
成长记录册	◆ 学生在家表现集锦	微信群、朋友圈

4. 创新家校沟通实施方法的设计

创新家校沟通的内容板块、途径确立的基础上,课题组成员结合沟通内容和沟通对象的特点以及微信平台四种沟通途径的优势,设计创新家校沟通每个内容板块的具体实施方法。

创新家校沟通实施方法

板块名称	内容	途径	实施方法
家庭教育微讲座	◆ 家庭教育理念 ◆ 家庭教育方法	微信公众号	◆ 预告讲座内容 ◆ 根据反馈调整讲座内容 ◆ 定时推送讲座(视频、文字) ◆ 评论互动
教育阵线联盟	◆ 家长教育经验交流 ◆ 家长成功案例分享	微信群	◆ 预告交流主题 ◆ 家长主讲报名 ◆ 定时开展 ◆ 家长、班主任互动
超级在线家长会	◆ 社会热点对教育影响 ◆ 教师应对方法指导 ◆ 家长应对经验交流	微信群	◆ 社会热点问题收集 ◆ 预告主题 ◆ 家长观点或策略征集、筛选 ◆ 定时开展
疑难会诊	◆ 学生共性问题家庭教育指导	微信公众号	◆ 家长提交问题 ◆ 班主任收集、整理、归类 ◆ 定时推送指导建议
班主任热线	◆ 突发事件处理 ◆ 学生个性问题家庭教育指导	私聊	◆ 热线职责宣传 ◆ 热线开通 ◆ 根据需求调整职责
开放教室	◆ 学生在校表现集锦	微信群	◆ 学生校园生活素材收集 ◆ 定时推送 ◆ 评价互动
精彩在线	◆ 班级、学校活动直播	微信群	◆ 直播预告 ◆ 家长志愿者征集 ◆ 现场直播 ◆ 评价互动
精彩回放	◆ 班级、学校活动集锦	微信公众号	◆ 家长志愿者征集 ◆ 素材收集、整理 ◆ 内容制作 ◆ 及时推送
成长记录册	◆ 学生在家表现集锦	微信群、朋友圈	◆ 排片表制定 ◆ 发布要求确立 ◆ 家长轮流发布 ◆ 互动点赞、评论

以"家庭教育微讲座"内容板块为例。

问卷调查结果显示:83%的家长期望家校沟通的内容为教育问题的探讨、家庭教育的指导,与此相对应87%的班主任期望与家长沟通这方面的内容,而当前家校沟通中此部分内容只有44%。因为期望与现实的巨大差距，我们第一个确立的内容板块就是“家庭教育小讲座”。之所以定名为讲座，是希望沟通的内容是连续的、有计划的，弥补当前家校沟通中存在的沟通内容碎片化的问题。

既然是讲座，必然是一对多的沟通，微信私聊途径显然不适合；且讲座的内容不是寥寥数字可以交待清楚的，朋友圈也不合适发布；对于家长来说，家庭教育指导不同于其他的家校沟通内容，需要反复学习和揣摩的，因此，微信群由于沟通信息较多不易查找，也不是理想的沟通途径。微信公众号定时推送讲座内容，方便家长空闲时、急需时的查阅，且评价、回复内容可选性不可见，有利于班主任和家长的个别交流、互动，为最适合此板块内容的沟通途径。

“家庭教育微讲座”旨在向家长介绍最新的家庭教育理念、指导家庭教育方法。因此，根据学生年龄特点和实际选择讲座的主题和内容。同时还应考虑家长的实际，所以每次推送前都提前预告主题和主要内容，听取家长的意见，调整具体内容，使之能更好地满足家长的需求。推送讲座内容时，应兼顾家长的习惯和内容展示的效果，选择视频或文字形式。最后，班主任应及时查看家长的评论，逐一回复，个别交流，帮助其解决实际问题。对于一些共性问题，可争得家长同意，选择可见，组织家长们一起讨论。

“家庭教育微讲座”课程安排

日期	课　　题
2017.11	教育孩子父母应该如何分工
2017.11	良好习惯是给孩子们的最大财富
2017.12	家庭教育中的基本原则
2017.12	家庭教育的智慧
2018.1	家庭教育，重在养而不在教
2018.1	更新家教观念与孩子一起成长

如，第一讲“教育孩子父母该如何分工”主题和内容的确定实属偶然却也是必然。一次讨论中，某课题组成员谈到为解决班级学生问题和家长联系过程中，发现孩子的父母就孩子的教育问题从来不沟通也没有明确分工，导致孩子经常钻空子、还养成了撒谎的坏习惯，父母都很着急。他的提醒使我们所有成员都回忆起类似的经历。有时开家长会，主要负责孩子教育的家长没有时间，另一位来了，可一些很重要的通知和注

意事项等信息都没有传递回家，还需要事后班主任和负责孩子教育的家长再沟通。况且孩子的教育并不是父母其中一方的责任，是双方都应肩负起的责任，父母在孩子的教育中扮演的角色不尽相同，但都很重要。平时想请父母都来参加类似的讲座，一是时间不许可，二是场地也受限制，但有了微信平台，这些问题随之迎刃而解。

“家庭教育微讲座”实施至今，受到了家长们的好评。每次推送时间刚过，就有大量评论在后台闪现。虽然，班主任的工作量增加了，但这不正是我们期待的结果吗？

三、研究成果与成效

（一）研究成果

1. 确立了微时代创新家校沟通内容、途径和实施方法的确立原则

课题组成员通过不断地摸索和实践，初步确立了微时代创新家校沟通内容确立、途径选择和实施方法设计的基本原则。

（1）家校沟通内容要满足家长和班主任沟通的需求

班主任和家长之间顺畅的沟通，是希望通过相互交流、达成共识、家校联动，合力促进孩子的健康成长。因此，确立的家校沟通的内容必定是要满足沟通双方需求的，唯有如此班主任和家长才会愿意沟通、勤于沟通、有效沟通，发挥家校沟通的作用。

（2）家校沟通途径是为沟通内容服务的

在实践研究过程中，课题组的成员认识到相同的家校沟通内容，在不同微信平台的沟通途径，都能与家长建立沟通，但沟通时得到的反馈和沟通后的效果差异很大。只有根据沟通内容，选择契合的沟通途径，才能最大化家校沟通的效果，达成家校合力育人的目的。

（3）家校沟通的实施方法应具有可操作性

微时代，创新家校沟通的实践只是希望借助微信等新媒体平台的优势，提升家校沟通的实效，整个实施过程追求高效、务实的目标。因此，设计实施方法时应多考虑方法的可操作性，去除那些虽高技术含量但无实际作用的环节和步骤，方便班主任和家长们的沟通实践。

2. 形成了“微时代，创新家校沟通实践案例集”

依据调查问卷结果显示的班主任和家长的沟通需求，结合课题组成员们自身的工作实际，课题组集体设计了“家庭教育微讲座”“班主任热线”“疑难会诊”“精彩在线”“精彩回放”和“成长记录册”等创新家校沟通内容板块，并付诸班主任日常工作实践。

实践过程中，成员们互相交流讨论、及时总结。在此基础上，实践成员写下实践反思，汇编成“微时代，创新家校沟通实践案例集”。

（二）研究成效

1. 教师的发展

研究开展以来，课题组成员对微时代创新家校沟通有了更深的理解。在专家的引领下，成员们从被动完成任务到主动思考问题，对微时代创新家校沟通的内容、途径和实施方法的设计有了更层次的认识和见解，班主任工作的能力大幅度提升。成员们所带的班级被评为校优秀班集体，在学校各类活动中都屡有斩获。成员糜玮珺的班级更是多次代表学校参加杨浦区的各类比赛，载誉归来。课题组负责人刘钢撰写的《用爱心点燃爱心用生命影响生命》获杨浦区生命教育校外实践活动项目评选一等奖。

2. 家校沟通现状的改变

研究初期，问卷调查结果显示的家校沟通现状，让课题组成员始终担心家长是否愿意积极参与家校沟通。随着研究的深入，家长们积极的反馈、踊跃的回复激励着每个成员。原来只要找到满足沟通需求的内容、适合的途径、可操作的实施方法，家校沟通会回到其本位，而不再只是简单的通知发放。

微时代家校沟通现状调查

调查项目	选项	实践前	实践后
使用新媒体平台	愿意	94%	99%
	无所谓	6%	1%
	不愿意	0%	0%
使用频率	经常使用	91%	97%
	有时使用	5%	2%
	偶尔使用	3%	1%
	从不使用	1%	0%
内容	各类通知、政策信息	86%	90%
	各类教育问题和教育方法	44%	76%
	孩子学习成绩	90%	88%
	孩子作业、听课情况	91%	85%
	孩子参与学校活动表现	56%	89%
	孩子与同学相处情况	47%	87%

四、研究的创新与思考

(一) 创新之处

1. 编制受试者分别为班主任和家长的调查问卷,分析搜集到的数据和资料,了解微信等新媒体平台在家校沟通中使用现状、效果和存在问题,是本课题的创新之处。

2. 针对当前微信等新媒体平台在家校沟通中使用存在的问题,探索、实践微时代的创新家校沟通的内容、途径和实施方法,提升家校沟通实效性,是本课题的创新之处。

(二) 进一步完善的思考

1. 微时代创新家校沟通内容板块仍需不断探索

现阶段设计、实施的"**家庭教育微讲座**"等内容板块,一定程度上满足了家校沟通的基本需求,但对于班主任和家长日益细分化和专业化的需求,显得颇为窘迫,仍需进一步探索和实践。

2. 微时代创新家校沟通的途径和方法仍须不断改进和思考

在实践研究过程中,虽然初步确立创新家校沟通途径选择和实施方法设计的原则,但仍是比较模糊。且在实践过程中,更多是依靠成员自身的经验和感觉,虽在短期内取得一定效果,但如何依据沟通需求的变化加以调整和改变仍需不断思考和实践。

第十章 “适合的教育”办学实践的反思

1. 实践回顾

2000 年为应对入学高峰作为过渡，在原址为旧厂房的基础上改建而成学校。学校占地仅有 10 亩，只有 16 个教室。创办初期由于学校设施设备简陋，许多对口入学的学生会因选择附近学校而流失。但是，新的学校，在领导团队的引领下，教师们积极乐观、氛围融洽，呈现出人心齐、干劲足的工作状态。从第一年只有一个年级开始，到 2004 年第一届毕业班，学校一直非常重视学生的行为习惯养成教育，为学校建设良好的校风打下了坚实基础。第一届毕业生的学业质量位于全区公办初中的中等，后来连续几年都稳中有进，这为学校的生存发展赢得了时空上的机遇。2007 年，我担任校长时开始思考：如何让学校持续保持人心齐？这需要有共同的办学愿景，来凝聚人心、引领发展。于是，我们发动广大教师开展大讨论，逐步明晰：学校是培养人的场所，而学校内的“人”既有学生，也有教师。也就是学校是师生共同成长的地方。确定学校的发展愿景为师生共同“成长的沃土、成功的摇篮、精神的家园”。办学的策略为“构建两个课堂，促进两个发展”，并初步形成学校的办学架构。伴随着“教师课堂”建设的推进，原本学校师资基础薄弱的发展劣势，转化为学校发展的优势。通过 5 年多“教师课堂”的实践探索，于 2013 年学校被评为上海市教师专业发展学校暨见习教师规范化培训基地。随之，学生学业质量持续提高，学校的办学内涵不断丰富，社会声誉也逐步提升。学校成为上海市文明单位，上海市新优质学校。

随着学校受关注度的增加，承担市区教育改革的任务也增多，如“创智云课堂”“单元教学设计与实践”“绿色指标导向的教学改进”“先学后教”“初小衔接”和“课程领导力”等。如何统领众多的教育改革项目？特别是，学校生源由原先择校出去，变为要购房择校进来，学生的结构悄悄变化，学生和家长对优质教育的理解与需求也在悄悄变化。如果没有科学的教育观引领，原先教师干劲足的办学优势，就有可能成为学校发展的危机。如何树立学校的教育观，明确办学理念，引领教师将教育干劲化为教育改进的行动智慧。特别是，我们托管郊区薄弱初中，作为集团化办学核心校(4 所学校)，成为新优质集群发展领头校(6 所学校)。在没有物质资源优势的情况下，我们以什么来辐射引领其他学校?

我们深深地感到，仅仅从方法技术层面去思考，难以解决这些问题，需要用核心价值(教育思想)，来统领众多教育改革项目，引领教师产生教育智慧，并辐射其他学校的发展。于是，在“构建适合的课程，成就师生的成长”的课程理念的基础上，形成“构建适合的教育，成就师生的成长”办学理念。以“为了每个孩子都享有适合的教育”为办学追求，在原来办学愿景、办学策略的基础上，形成了“理念 · 愿景 · 策略”的办学系统。并通过章程明确学校的价值追求和办学系统，再以章程为纲领，借助学校发展规划，系统思考、整体设计办学系统的实践路径。这些年的办学实践，我们着力建设适合学生发展的课程；探索适合学习认知规律的教学改进；建立适合立德树人的育德机制；完善适合学生个性发展的评价机制；优化适合教师专业发展的支持系统；培育适合师生成长的校园文化，来探寻“为了每个学生都享有适合的教育”实践路径。

2. 实践反思

校长办学会面对很多琐事，因为繁忙更需要静心思考。只有不断潜心追问，方能滤去琐碎沉淀本质。校长办学归根结底就是要回答，未来的社会需要怎样的人才? 学生如何才能获得未来社会人才所需要的素养? 以及怎样的课程体系既符合人才培育的需要，又符合生命成长需要? 如何处理学科体系、学生发展和社会需要之间的关系? 这些问题就构成了“社会-学生-课程”的课程宏观系统(图 10 - 1)。学校也是由此派生而来，校长办学首先要立足于这个系统，战略性地思考学校的办学。

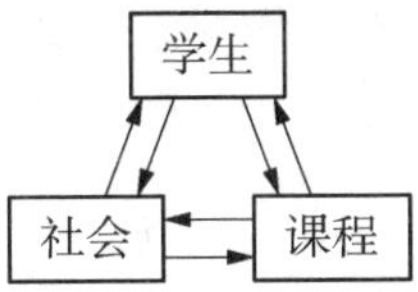

图 10 - 1　课程宏观系统

在战略思考的基础上，校长如何领导办学? 校长领导力的核心是课程领导力，即如何通过课程成就学生的成长和教师的专业发展。学校的育人功能，只有通过课程，才能得以实施。从某种意义上说，校长的领导只有直接或间接地落到课程，才是有效领导。校长可以通过什么来实施课程领导?

校长对课程的领导，就是要将理想的课程转化为现实的课程，再将现实的课程转化为学生习得的课程。也就是要优化两个系统，一个是课程自身系统，另一个是课程实施支持系统。课程自身系统包括课程目标、课程内容、课程实施、课程评价及其之间的关系(图 10－2)。课程的实施支持系统包括课程、教学、师资、管理与文化等相关因素,及各因素之间的关系(图 10－3)。其实,在不同课程系统的链上的每一个要素都很重要,任何一个教育行为都会与系统的每一要素相关。校长的领导智慧在于敏锐地选择课程的某个或几个要素作为突破口,撬动系统的整体优化,以改进学校的办学,创造适合学生发展的教育。校长的办学之道就是,“发现自己学校的最近发展区,选择最优发展策略,走最佳发展路径。”

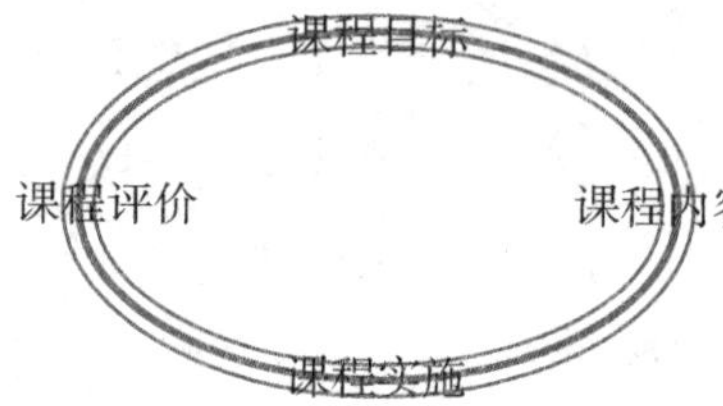

图 10－2 课程内部系统

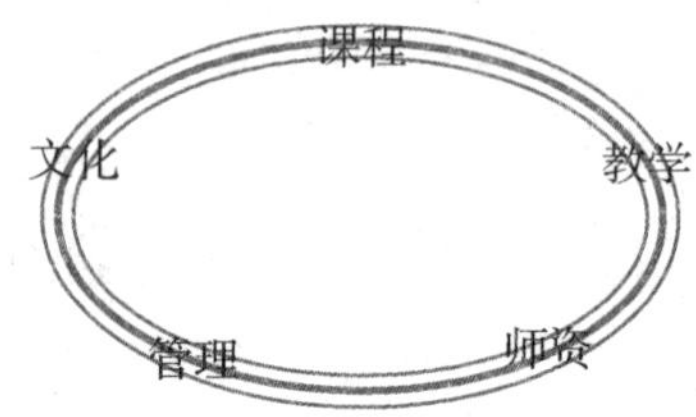

图 10－3 课程实施系统

回顾建校至今,学校经历了三个主要的发展阶段。一是探索规范化办学阶段;二是创建新优质教育阶段;三是推进优质特色发展阶段。学校发展的不同阶段面临的主要矛盾不一样,需要解决的问题也不一样。校长办学既要立足当下的主要矛盾,又要前瞻性地发现问题,形成学校改进的引擎项目,引领学校的持续健康发展。但是,无论处于哪个阶段,校长的领导智慧最终都是指向课程领导,课程领导力是校长核心能力。

建校初期,学校的老师都是来自不同地方。每年都有许多来自其他不同学校的老师,他们带着各自原来学校文化的烙印,另外一部分是新大学生毕业刚走上工作岗位。如何将不同文化背景的教师凝聚在一起,形成有向心力的集体,是这个阶段关键。这一阶段,校长需要以自己的人格魅力,通过人文关怀,增强教师的归属感。同时,通过建章立制,立足常规形成基本规范。通过人文关怀与制度建设相结合,形成人性化与规范化有机融合的学校制度文化。校长以自身的行动培育团结互助、积极向上的工作氛围,形成人心齐、干劲足的工作状态,以及稳定有序的教学秩序,来实现对课程规范执行的领导。

依靠人文关怀和制度建设,学校基本实现了规范化办学的发展。但是,我们清醒地认识到,由于受办学物质基础的限制,办学起点比较低,学校整体师资还是比较薄弱，缺乏能领衔的高端教师。我们思考，将来我们依靠什么继续凝心聚力？只有不断成就教师专业发展的学校，才能持续凝聚教师。另外，学校的学生与家长需要的不仅仅是教师规范执行课程，而是能创造性地实施课程，以满足学生成长的需要。也就是说，教师的专业成长是这个阶段学校进一步发展的关键瓶颈。在这个阶段，校长的课程领导力集中体现在为教师构建专业发展支持系统，促进教师的专业发展，提高教师实施新课程的能力。我们提出了构建"教师课堂"的设想，并形成"优化两个课堂，成就两个发展"的办学策略。我们以"教师课堂"为引擎，从关注教师的"教"入手，到关注学生的"学"，架构了教师专业发展的校本实践平台和运行机制，初步形成了以关注"教"与"学"为主线的教师专业研修主题链。并通过"卓越教师培养"的项目实践，以务实有效的"会诊式培训"和"外领内培"等方式，为不同层面的教师提供合适的研修内容，搭建了助推教师发展的平台，形成了研、训、教一体化的教师自培机制。教师专业素养不断提升，教学质量高位稳定，学校办学的社会认同度越来越高，成为受百姓欢迎的上海市新优质学校，2014 年《上海教育》杂志年度盘点时，学校被推选为十大家门口好学校。

成为新优质学校之后，学校成为上海市提升课程领导力项目校、中考改革背景下初中教学研究综合实验校、初小衔接研究项目校、创智课堂实验校……承担区域教育内涵发展的项目越来越多。同时，托管郊区薄弱学校、定点结对帮扶贵州学校、区域联合教研组长学校、新优质集群发展领衔校、上海市提升课程领导力组长学校、集团化办学核心校、见习教师规范化培训基地校……承担教育均衡发展的责任也增多。在一所没有教育资源优势的小规模学校，如何开展众多的教育内涵研究？又如何引领辐射其他的学校？这些内涵发展的综改项目，教师虽然很忙，但也充实。在众多的项目研究中，老师面对的具体困难不一样，管理团队为了帮助教师解决困难，引领指导教师的思考，特别还要带领其他薄弱学校，更是应接不暇。如何帮助教师和干部解除枷锁、点燃智慧？尤其需要创生学校办学的核心价值，引领众多教育改革的行动，激发教师的教育智慧。不同的教育内涵研究项目，都是为了每个学生都享有"适合的教育"。每一所学校的发展，必然是以适合自己的方式，经历不一样的发展路径。没有最好的教育，只有"适合的教育"。在实践中，我们形成"为了每个孩子都享有适合的教育"的教育理念。以"适合的教育"为核心价值，探寻适合各所学校的发展路径，满足每一个孩子的成长需求。以办学理念为指导，以办学愿景为目标，从课程、教学、德育、评价、师资和文化等方面探寻学校的发展路径，形成了"理念·愿景·策略"的办学系统。

3. 实践展望

当前,我国义务教育发展的核心是公平发展和质量发展。关于“公平”与“质量”这两个问题,关键需要形成共同的质量观和质量文化。中共中央、国务院适时地出台《深化新时代教育评价改革总体方案》,以促进学校、家长、社会和政府形成统一的质量观、人才观,促进教育改革,从而从深层次解决教育优质均衡、公平质量的问题。为此,我们应当不忘教育初心,坚守“为了每一个孩子都享有适合的教育”的理念,推动更多教师、学校、教育行政领导和家长,关注每一个孩子的特点与需要,努力为每一个孩子提供“适合的教育”,把每一所学校都办成合乎期望的“合适的学校”,这才是中国教育的重要价值追求。中共中央办公厅、国务院办公厅印发《关于深化教育体制机制改革的意见》指出,要完善义务教育均衡优质发展的体制机制。强调要建立以学生发展为本的新型教学关系。改进教学方式和学习方式,变革教学组织形式,创新教学手段,改革学生评价方式。营造健康的教育生态,大力宣传普及“适合的教育”才是最好的教育、全面发展、人人皆可成才、终身学习等科学教育理念。

我们尽管形成了“为每一个孩子都享有适合的教育”的办学理念和实施路径。但是办学思想的理论架构还不够完善,实践路径还处于粗放零星的探索。在今后的实践中,我们继续从如下方面,以完善其理论与实践体系。

为学生提供有选择的课程 “适合的教育”既包含了教育的目的性,又包含了教育的规律性。“培养德智体美劳全面发展的社会主义建设者和接班人”是我国教育的根本目的,需要我们将这个根本目标转化为学校的总课程目标。同时,每个学生的发展目标和发展路径是有差异的。“适合的教育”具体到课程,就是课程既要满足人才共性培养的需要,也要满足人才个性发展的需要。我们将继续探索国家课程视野下的有选择的教育,为学生提供有选择的课程,构建适合的课程。

实施适合认知规律的教学 “德智体美劳五育融合”是教育的实施策略,“五育”的每一方面都有各自的育人目标。不同学习目标的学习认知过程是不一样的,不同学习认知过程所需要的学习支持是不一样的,不同学习者对于同一学习目标的学习过程是有差异的。“适合的教育”具体到教学,就是要确定准确的学习目标,然后分析学习者为了学习目标需要经历的学习认知行为(过程),进而为学习认知行为的发生提供有效的学习支持(学习资源、教学方式和学习环境)。我们将继续通过“基于‘目标·认知·条件’分析系统的教学设计与实践”项目,深入探索适合认知规律的教学,探寻“学习者为中心”的实践路径。

实施大单元德育活动 品德是道德认知、道德情感、道德意志和道德行为四个要素组成的有机整体，它的形成是连续渐进的过程。长期以来，学校德育往往更关注做了什么，却忽视为了什么，常常出现热闹有余，成效不足的状况。“适合的教育”具体到德育，就是遵循品德发展规律，将认知、体验和践行作为整体实施大单元德育活动，帮助儿童获得道德认知，陶冶道德情感，磨炼道德意志，示范道德行为，形成道德习惯。

让每一位学生拥有评价自己的尺 中共中央、国务院印发《深化新时代教育评价改革总体方案》提出：“改革学生评价促进德智体美劳全面发展。”“坚持科学有效，改进结果评价，强化过程评价，探索增值评价，健全综合评价。”我们将进一步根据方案要求，完善《鞍山实验综合素质评价实施办法》《发展银行——将学生的成长记录储蓄》《校园之星——让每一位学生拥有评价自己的尺》，以强化过程性评价，探索增值评价。

优化“教师课堂”成就教师专业发展 “适合的教育”是与教师专业水平相适宜的教育，学校的一切教育活动都必须依靠教师来实施。我们将依据中共中央、国务院《关于全面深化新时代教师队伍建设改革的意见》将师德建设、师能提升与职业幸福有机融合，设计“教师课堂”的主题研修。重点以“基于‘目标·认知·条件’分析系统的教学设计与实践”为研修主题，开展“教师课堂”系列研修活动。

培育有温度的校园文化 “适合的教育”因尊重个体，而推动社群接纳和包容。我们将通过学校的物质文化、制度文化和行为文化，来传递“为了每个孩子都享有适合的教育”的核心价值。学校初步形成对课程、教学、德育、评价、师资、管理等方面的理解：课程——为学生提供有选择的课程，教学——为了学习者学习认知行为的发生，德育——知行合一的大单元德育活动，评价——每一位学生拥有评价自己的尺，师资——教师课堂成就教师专业发展，管理——服务引领、规范指导。我们将深化对课程、教学、德育、评价、师资、管理等方面的理解，转化为学校课程、教学、德育、评价、师资、管理等方面的行动纲要，努力将教育理念转化为教育行动。

人们习惯于将“好的学校”与“好的学生”联系在一起。将招进好学生，作为办好学校的条件，送出好学生作为办好学校的结果。我的梦想是办一所体现教育核心价值的学校——不聚集资源，不挑选生源，不唯升学率排名，而是关注学生的差异，通过丰富教育过程，优化育人生态，为不一样学生的发展提供“适合的教育”。并将这种理念从学校辐射到集团、集群……从一棵小草扩展为一片草原，直至培育一个生态。

后 记

2000年，我进入新开办的上海市鞍山实验中学，从开始任教导主任、副校长，到2007年任校长。作为教育人，我很幸运能在一所学校任职二十多年，并任校长十三年余，可以与教师一起潜心于学校共同寻找“适合的教育”。并且通过我们的实践，将一所办学条件困难、不占有优势资源的学校，办成学生喜欢、家长满意、教师幸福、同行尊重的家门口新优质学校。

这二十年，是我与教师、学校共同成长的二十年，也是“适合的教育”办学理念形成、发展与实践的二十年。尽管在自己求学成长的过程中，就萌芽了“让每个孩子都能享有适合的教育”的梦想，但是这个梦想还只是停留在教育情感层面，没有具体的内涵，更没有实施的路径。担任校长后，才真正思考办什么样的学校、培养怎样的人、如何培养人等问题。

初任校长的几年，因缺乏对办学的系统思考与理解，全凭一股热情，尝试着零敲碎打的实践，更多的时间都在忙于事务。

在迷惘中，有机会成为上海市“双名工程”的名校长后备培养对象，先后参加新加坡南洋理工大学教育硕士和第22期全国初中校长高级研修班的学习，更有幸师从康世凯校长、张人利校长、刘京海校长和北京十一学校李希贵校长。在专家学者和导师的指引下，我对学校办学开始有了整体理解，逐步将原先零星的实践，置于办学系统之中，整体思考并系统谋划学校办学。同时，从导师和身边优秀校长身上汲取实践智慧，并转化为办学实践。在“实践—反思—学习—实践……”中，由当初的梦想逐步成为办学理念，“为每个孩子都享有适合的教育”成为鞍山实验的价值追求。我们用实践去诠释“适合的教育”的内涵，用实践去架构“适合的教育”的路径，让曾经的梦想成为可以为之追求的理想。

在实践中，形成了“适合的教育”的学校理解——既是教育目的的适合，也是教育过程的适合;确立了“适合的教育”的构建路径——“课程有选择、教学循规律、评价多元化”;建设了“适合的教育”的支持系统——“教师课堂”“学校文化”和“育人生态”。尽管明确了“适合的教育”是适合学生的教育,但未能深度阐释适合学生什么的教育,依然没有形成“适合的教育”的理论体系,还不能完全释疑教师实践中的价值冲突,“适合的教育”如何统一学生、集体与国家的关系,如何统一“学生主体”与“教师主导”的关系……

正当理念与实践不能完全统一的时候,我有幸参加第10期全国优秀中学校长高级研究班的学习。研究班的学员是来自全国各省市的优秀校长,以凝练校长的办学思想为研究的目标。在两年多的学习中,教育部校长培训中心精心安排全国知名的理论和实践专家为我们做分享报告,先后聆听了代蕊华、刘莉莉、沈玉顺、戚业国、王俭、邓睿、万恒、崔允漷、袁振国、钱旭红、杜成宪、苏忱、朱卫国、贾伟、翟小宁、季洪旭、董君武等专家教授的报告,班主任万恒老师引领我们阅读多本理论著作,并相互进行阅读分享,参加了多场全国优秀校长教育思想研讨会,提升了自己的理论水平与思辨能力。同时,每个阶段的学习,都安排同学们进行办学思想与实践分享讨论,我们互相启发、相互质疑,常常面红耳赤,过后却茅塞顿开,汲取了实践智慧、提高了反思能力。特别是,教育部校长培训中心为我们安排了理论导师,我的导师是戚业国教授。戚教授多次与我一起反复研磨,甚至到学校深入了解我们已有的实践。导师的反复追问与启迪,让我对教育本质有了新的理解,感悟到校长的办学思想,是对“为谁培养人”、“培养怎样的人”、“如何培养人”等问题的价值追求。

基于多年的实践思索与学习感悟,我逐渐找到“适合的教育”的哲学基础、时代依据和实践路径,初成“适合的教育”的理论体系和实践框架。我于2020年10月在贵州省贵阳市举办的全国优秀中学校长教育思想研讨会分享了“为了每个孩子都享有适合的教育”的办学思想。报告受到参会的专家学者和教育同行的赞赏,报告圆满之际,心中充满了无限感激。从初任校长的迷惘,到持续反思—学习—实践的过程,直至初成体系的教育思想再出发,每前进一步的点滴进步都凝聚着专家的点拨指导、优秀校长的榜样力量,更有组织的悉心栽培、学校老师的孜孜追随,还有家人的全力支持。

为了回报关心支持帮助过我的人,决定将“适合的教育”办学理念的形成过程、内涵与实践,结合鞍山实验中学多年的探索实践,撰写成《为寻找适合的教育》一书,特致以最诚挚的谢意!感谢所有人!

邵世开

2021年4月

参考文献

1. [美]奥兹门,[美]克莱维尔. 教育的基础哲学[M]. 石中英,邓敏娜,译. 北京:中国轻工业出版社,2006.
2. [美]加涅,[美]韦杰,[美]戈勒斯,[美]凯勒. 教学设计原理[M]. 王小明,庞维国,陈保华,汪亚利,译. 上海:华东师范大学出版社,2007.
3. 邵世开,万恒. 构建教师课堂的理论与实践研究[M]. 上海:文汇出版社,2014.
4. [美]伍尔福克. 伍尔福克教育心理学[M]. 伍新春,张军,季娇,等,译. 北京:中国人民大学出版社,2012.
5. 钟启泉. 课程的逻辑[M]. 上海:华东师范大学出版社,2008.
6. 上海市教育委员会教学研究室. 基于问题解决:提升课程领导力的行动[M]. 上海:华东师范大学出版社,2014.
7. 上海市教育委员会教学研究室. 学校课程计划编制实践指南[M]. 上海:华东师范大学出版社,2013.
8. [美]泰勒. 课程与教学的基本原理[M]. 罗康,张阅,译. 北京:中国轻工业出版社,2008.
9. [美]安德森,等. 学习、教学和评估的分类学[M]. 皮连生,主译. 上海:华东师范大学出版社,2008.
10. 胡育. 布卢姆的教育目标分类学[J]. 上海教育科研,1986,(3):42 - 46.
11. 戴忠恒. 情感目标的分类及其测量方法[J]. 心理科学,1992,(3):35 - 41.
12. 唐花清. 对动作技能领域目标分类的思考[J]. 体育科技,2000,(2):50 - 52.
13. 冯建军,刘霞. "适合的教育":内涵、困境与路径选择[J]. 南京社会科学,2017,(11):141 - 149.
14. 肖浩宇. 国内外"适合的教育"研究述评[J]. 基础教育研究,2012,(20):6 - 8.
15. 马健生,李 洋. 为每个学生提供适合的教育:何以不可能或何以可能——基于课程的教育功能的分析[J]. 北京师范大学学报(社会科学版),2016,(6):22 - 31.